C. Züll · P. Ph. Mohler · A. Geis
Computerunterstützte Inhaltsanalyse mit TEXTPACK PC

D1721405

Computerunterstützte Inhaltsanalyse mit TEXTPACK PC

Release 4.0 für IBM XT/AT und Kompatible
unter MS /DOS ab Version 3.0

Cornelia Züll · P. Ph. Mohler · Alfons Geis

9 Abbildungen
9 Tabellen

SEMPER BONIS ARTIBUS

Gustav Fischer · Stuttgart · New York

Adressen der Autoren:

Cornelia Züll
Dr. P. Ph. Mohler
Alfons Geis
Zuma e.V.; Zentrum für Umfragen, Methoden und Analysen e.V.
Postfach 12 21 55

D-W 6800 Mannheim 1

CIP-Titelaufnahme der Deutschen Bibliothek

Züll, Cornelia:
Computerunterstützte Inhaltsanalyse mit TEXTPACK PC:
Release 4.0 für IBM XT/AT und Kompatible unter MS/DOS
ab Version 3.0 / Cornelia Züll ; Peter Mohler ; Alfons Geis. –
Stuttgart ; New York : G. Fischer, 1991
    ISBN 3-437-40243-9
NE: Mohler, Peter:; Geis, Alfons:

Vorwort

Es war einmal die Geschichte vom Nürnberger Trichter, und jeder weiß, daß das so nichts werden konnte mit der automatischen Vernunfterzeugung - aber das waren ja auch noch Zeiten, wo es keine Computer gab. Heute ist das alles ganz anders. Hypermedia, Gigabyte, Megatrends und vor allem Künstliche Intelligenz zusammen mit allwissenden Expertensystemen lösen alle Probleme auch und vor allem in der Textinterpretation, oder?

Wenn da nicht die Geschichte vom Zauberlehrling wäre. Heute heißt die Zauberformel nicht mehr "walle walle", sondern "KEYWORDS=ALL", und Seite um Seite spuckt der Drucker ohne Ende aus. Sinnlose Papierverschwendung, oder?

"Computerunterstützte Inhaltsanalyse", diesen Begriff prägte Hans-Dieter Klingemann Anfang der siebziger Jahre in weiser Voraussicht, und er hat sich damit gegen andere Begriffe wie "Elektronische Inhaltsanalyse" oder "Automatische Inhaltsanalyse" durchgesetzt. Dieser Begriff ist ein Programm: der vernunftbegabte Mensch bedient sich bei der Textinterpretation und Textanalyse der Maschine Computer, wie der weise Zauberer sich des Besens bedient, nämlich als Mittel zu größerer Freiheit bei seiner eigentlichen Arbeit und als Entlastung von stark regelgeleiteten, um nicht zu sagen lästigen, Arbeiten.

In diesem Sinne geht es uns in diesem Buch um den vernünftigen Umgang mit Texten und Computern, nicht um Nürnberger Trichter und nicht um Zauberlehrlinge. Unser textanalytischer Ansatz steht in der Tradition der sozialwissenschaftlichen Inhaltsanalyse, deren Spektrum von der Analyse kirchlicher Texte über Inhalte von Massenmedien bis zu Texten aus psychoanalytischen Therapien reicht.

Unser Ziel ist es, die Leser mit den gängigen Verfahren der computerunterstützten Inhaltsanalyse, die wir gerne mit "cui" abkürzen, vertraut zu machen und ihnen mit TEXTPACK PC, dessen ausführliche Beschreibung den Hauptteil des Buches ausmacht, ein erprobtes Instrument für die cui in die Hand zu geben.

Danken möchten wir vielen Kollegen, die uns und TEXTPACK in den letzten zwölf Jahren mit ihrer Kritik, ihren Anregungen, aber vor allem durch ihre manchmal überraschenden Anwendungen des Programms begleitet haben: Carol Cassidy, Klaus G. Grunert, Heiner Ritter, Rainer Mathes, Ekkehard Mochmann, Robert P. Weber und Maria Zabula.

Gerne bedanken wir uns auch beim Zentrum für Umfragen, Methoden und Analysen (ZUMA), wo TEXTPACK seit 1974 beheimatet ist, und dessen Aufsichtsgremien für die andauernde Unterstützung, auch bei der Herstellung unseres Handbuchs.

TEXTPACK PC wäre undenkbar ohne den Siegeszug des Personal Computers. Erst diese Maschine, für die Textverarbeitung wichtiger als "number crunching" ist, brachte auch für die cui den großen Durchbruch. Deshalb bedanken wir uns bei all den Technikern, Programmierern, Ingenieuren und Vertriebsmitarbeitern, die den PC möglich und vor allem erschwinglich machten und weiter machen.

Cornelia Züll   Dezember 1990
Peter Ph. Mohler
Alfons Geis

Inhaltsverzeichnis

1 Einleitung

In sechs Kapiteln geben wir einen Überblick über die computerunterstützte Inhaltsanalyse (cui) im allgemeinen und TEXTPACK PC als ein PC-Programm für cui-Anwendungen im besonderen. Wir beginnen in Kapitel 2 mit einer allgemeinen Einführung in die cui, in der wir u.a. unterschiedliche Ansätze vorstellen, die allgemeine Vorgehensweise an Beispielen aus der Forschung illustrieren und auf spezielle Probleme, wie z.B. die Textauswahl, gesondert eingehen.

Die Kapitel 3 "Arbeiten mit TEXTPACK PC", 4 "Textvorbereitung", 5 "Kategorienschemata und Diktionäre" und 6 "Statistische Analysen mit den TEXTPACK-Vercodungen" behandeln die verschiedenen, für eine cui notwendigen Arbeitsschritte. So wird in Kapitel 3 die Systematik von TEXTPACK PC erläutert, es wird erklärt, wie man das Programm startet und welche Daten bzw. Dateien man benötigt.

Kapitel 4 "Textvorbereitung" behandelt Probleme und Lösungen bei der Umsetzung von gesprochener und geschriebener Sprache in eine computergerechte Form (sogenannte maschinenlesbare Texte). TEXTPACK PC verarbeitet maschinenlesbare Texte nur in bestimmten Formaten. Dieses Kapitel wird allen Lesern, die noch keine Texte im TEXTPACK-Format besitzen, zum genauen Studium empfohlen. Dies gilt besonders für den ersten Abschnitt zum Thema "Identifikatoren". Mit Hilfe von bestimmten Identifikatoren werden Untereinheiten des Textes markiert, die dann auch die Einheiten für die automatische Vercodung bilden. Das heißt, schon bei der Übertragung von Texten in maschinenlesbares Format werden die für die spätere Analyse relevanten Entscheidungen getroffen. Deshalb sollten die entsprechenden Abschnitte besonders aufmerksam gelesen werden.

Kategorienschemata bzw. Diktionäre bilden die Basis für die automatische Vercodung mit TEXTPACK PC. In Kapitel 5 werden die Prinzipien der Entwicklung neuer oder der Adaption bestehender Diktionäre ausführlich behandelt. In den meisten Fällen wird bei der automatischen Vercodung gezählt, wie oft eine bestimmte Kategorie in einer Texteinheit auftritt. Die entsprechenden Häufigkeitswerte werden in einer numerischen Datei, d.h. einer Datei, die nur Ziffern enthält, festgehalten.

Mit Hilfe von Programmen für sozialwissenschaftliche Statistik (z.B. SPSS/PC+, SAS, NSD, SYSTAT u.v.a.m.) kann man berechnen, wie oft zwei oder mehrere Kategorien zusammen in einer Texteinheit auftreten, ob es Typen oder Muster im gemeinsamen Auftreten gibt usw. In Kapitel 6 werden Beispiele für solche statistischen Auswertungen erläutert.

Im zentralen Kapitel 7 "Prozeduren in TEXTPACK PC" werden die einzelnen Prozeduren handbuchartig beschrieben. Dazu gehören auch Hinweise und Tips zu einzelnen Prozeduren für fortgeschrittene Anwendungen.

In einer kurzen Übersicht wird in Kapitel 8 "Andere Textanalyse-Programme" auf die cui und die Verbindung zu ihren Nachbarn, die literarische und linguistische Datenverarbeitung, hingewiesen.

Die Bibliographie umfaßt die hier zitierte Literatur und eine Auswahl uns relevant erscheinender Spezialliteratur zum Thema cui.

2 Allgemeine Einführung

2.1 Was ist cui?

Cui (computerunterstütze Inhaltsanalyse) ist ein Spezialfall der sozialwissenschaftlichen Inhaltsanalyse, die selbst wieder zur großen Familie der textanalytischen Verfahren zu rechnen ist. Man kann textanalytische Verfahren nach verschiedenen Gesichtspunkten ordnen. Hier sollen die Aspekte der Textreduktion, also der Zusammenfassung, und der Textexplikation im Sinne eines erweiterten Textes im Vordergrund der Betrachtungen stehen. Ihrer Forschungstradition nach gehört die Inhaltsanalyse zu den zusammenfassenden, reduzierenden textanalytischen Verfahren. Als explikative Verfahren wären in den Sozialwissenschaften etwa die Objektive Hermeneutik (Oevermann 1979) oder die psychoanalytischen Deutungen zu verstehen.

Betrachtet man die Literatur unter einem eher technischen Aspekt, dann bemerkt man eine gewisse Konvergenz beider Ansätze. Die in der Literatur auffindbaren Unterschiede liegen eher in der Vorgehensweise als in dem dann vorliegenden Ergebnis: während in der Inhaltsanalyse von Anfang an wesentliche Textinformationen systematisch und intersubjektiv nachvollziehbar markiert und immer weiter komprimiert werden, wird z.B. in der Objektiven Hermeneutik systematisch Information an den Text herangetragen und durch ineinandergreifende Beschreibungen (Metatexte) überlagert. In einem dann folgenden zusammenfassenden Schritt werden auch in der Objektiven Hermeneutik punktuelle, generalisierbare Aussagen gemacht, wie sie, zwar in anderer Form, für die Inhaltsanalyse üblich sind (Mohler 1981; Kellerhof/Witte 1990).

Unter dem Begriff "Inhaltsanalyse" werden - wie bereits erwähnt - quantitative sozialwissenschaftliche Verfahren der Textanalyse zusammengefaßt. Gemeinsamer Kern dieser Verfahren sind zum einen der Schluß von einer Textsequenz auf Kontextmerkmale und vice versa (z.B. Produktionsbedingungen eines Textes oder Leserschaft). Dabei bilden Autor, Leser und gesellschaftliches Umfeld der Textproduktion und -rezeption die drei wesentlichen Untereinheiten der jeweiligen Kontextanalyse. Zum anderen wird in der Inhaltsanalyse prinzipiell ein hoher Grad der Systematisierung angestrebt. Durch die Systematisierung soll die Intersubjektivität der Vorgehensweisen gesichert werden. Probleme, die mit einer rigiden Handhabung dieses Paradigmas auftreten, zum Beispiel durch triviale Quantifizierungen oder unangemessene Formalismen, treten bei der Analyse von Texten verstärkt auf (Mochmann 1985). Wesentlich für die Inhaltsanalyse ist, das sei hier wiederholt, der Aspekt der Informationsreduktion: Es ist in der Regel nicht das Anliegen quantitativer sozialwissenschaftlicher Forschung, soziale Fakten zu paraphrasieren; vielmehr sollen aus der Vielzahl möglicher Merkmale diejenigen miteinander in Verbindung gesetzt werden, die wesentlich zur Erklärung bestimmter Phänomene beitragen, und es sollen deren Verteilungen bestimmt werden. In der

Inhaltsanalyse wurden deshalb Verfahren entwickelt, die eine intersubjektiv überprüfbare Reduktion von Textmerkmalen auf die für eine angemessene Kontexterklärung notwendige Zahl leisten. Interpretiert werden in der Regel die Verteilungen bzw. die Verteilungsstrukturen der Textmerkmale mit Hilfe statistischer Verfahren.

Als konventionelle oder intellektuelle Inhaltsanalyse werden Verfahren dann bezeichnet, wenn die jeweiligen Textmerkmale mit Hilfe "menschlicher" Vercoder identifiziert werden, d.h. die Verfahren der konventionellen Inhaltsanalyse erfordern immer, daß Vercoder Teile des Textes bestimmten Merkmalen (Kategorien) zuordnen. Solche Vercodungen beruhen, falls es sich nicht um geschriebene Sprache handelt, in der Regel auf Transkriptionen von aufgezeichneten Texten (siehe 4.3). Bei gut trainierten Coderteams können mit konventionellen inhaltsanalytischen Verfahren auch hochkomplexe Vercodungen zuverlässig durchgeführt werden. Allerdings steigen die Kosten mit der Komplexität der Kategorien und unter Umständen auch der Textmenge exponentiell an, was u.a. zur Folge hat, daß eine einmal begonnene Vercodung alleine aus ökonomischen Gründen nur schwerlich abzubrechen ist, um auf Grund im Vercodungsverlauf gewonnener Erkenntnisse von neuem begonnen zu werden (Früh 1981; Mathes 1988).

In der computerunterstützten Inhaltsanalyse (cui) werden im Gegensatz zur konventionellen Inhaltsanalyse die Textmerkmale mit Hilfe von Computerprogrammen identifiziert. Nach dieser Definition ist eine Verarbeitung von manuell erzeugten Merkmalshäufigkeiten o. ä. durch statistische Programme keine computerunterstützte Inhaltsanalyse. Eine solche automatische Vercodung ist nur dann möglich, wenn die Vercodungsregeln explizit als logische Bedingungen (z.B. wenn-dann) formuliert und in Algorithmen, d.h. Computerbefehle, gefaßt werden. Die Umsetzung bestimmter theoretisch abgeleiteter Operationalisierungen (Textmerkmale) in Algorithmen macht die cui spannend und schwierig zugleich. Spannend, indem komplexe theoretische Operationalisierungen Stück für Stück auf das logisch Mögliche und Notwendige reduziert werden; schwierig, indem nicht immer sofort, manchmal auch gar nicht, die geforderte logische Klarheit und Eindeutigkeit gefunden werden können.

Computerunterstützte inhaltsanalytische Verfahren werden in den unterschiedlichsten sozialwissenschaftlichen Bereichen eingesetzt. So findet man Studien über Zeitungen (Deweese 1977; Mohler 1989; Eisner 1989; Dohrendorf 1990), Gruppengespräche (Aries 1977; Grunert/Bader 1986; Grunert 1989), psychoanalytische Gespräche (Gottschalk 1985; Mergenthaler/Kächele 1985), historisch-politische Texte (Namenwirth/Weber 1987; Eisner 1989; Botchway 1989) und literarische Texte (Walker 1975; Martindale 1986). Verfahren der cui haben sich sowohl für die thematische Erschließung als auch für die hypothesenzentrierte Analyse von Texten bewährt.

2.1.1 Ansätze der computerunterstützten Inhaltsanalyse

Innerhalb der computerunterstützten Inhaltsanalyse gibt es zwei prinzipiell unterschiedliche Ansätze. Zum einen den sogenannten a priori-Ansatz, der sich auf allgemeine Kategoriensysteme stützt und zum anderen den empirischen Ansatz, der induktiv gewonnene Kategoriensysteme einsetzt. Beide Ansätze führen im Prinzip kontextfreie Einwortvercodungen durch. Bei der kontextfreien Einwortvercodung sind die zu identifizierenden Textmerkmale einzelne Wörter, die, zu Gruppen (Kategorien) zusammengefaßt, Muster höherer Ordnung bilden können (siehe 2.3).

Der a priori-Ansatz wurde von einer Arbeitsgruppe um Philip J. Stone Anfang der sechziger Jahre entwickelt (Stone et al. 1966). Dieser Ansatz geht von der Idee der Übersetzung einer Objektsprache in eine Metasprache aus (Mochmann 1980, S.13). Dabei wird ein sehr einfacher Begriff der Übersetzung verwendet, indem eine weitgehend kontextfreie Zuordnung von Textwörtern zu sozialwissenschaftlichen Begriffen als "Übersetzungsprozeß" verstanden wird.

Die Zuordnung geschieht durch das Abgleichen eines inhaltsanalytischen Wörterbuchs (Kategorienschema, Diktionär) mit dem Textkorpus. Das Wörterbuch besteht aus nach sozialwissenschaftlichen Begriffen angeordneten Wortlisten (siehe 5), ähnlich einem Thesaurus oder der Auflistung semantischer Felder. Wird ein bestimmter Eintrag des Wörterbuchs in einer Texteinheit gefunden, so wird der Zähler für die betreffende Kategorie um eins erhöht. Ein einfaches Beispiel für eine inhaltsanalytische Kategorie wäre folgende Liste von Wörtern: "demokratisch, Demokratie, Demokrat", die unter einer Kategorie DEMOKRATIE zusammengefaßt werden könnten. Es lassen sich aber auch komplexere Wortlisten angeben, wie zum Beispiel eine Kategorisierung von Verben nach Aktionsarten oder Angsttypen. Ein inhaltsanalytisches Wörterbuch, das alle für eine bestimmte Analyse notwendigen Kategorien enthält, wird auch als Klassifikationsschema bezeichnet.

Der empirische Ansatz als bewußtes Gegenstück zum a priori-Ansatz von Stone wurde insbesondere von Howard P. Iker entwickelt (Iker/Harway 1969). In diesem Ansatz, der ebenfalls kontextfrei Wörter klassifiziert, werden empirisch gegebene Assoziationsmuster von Wörtern als Kategorien interpretiert. Im Prinzip bildet hier jedes einzelne Wort eine eigene Kategorie, in der Praxis werden jedoch Synonym- und Lemmatisierungslisten eingesetzt, um die Häufigkeiten einzelner "Wörter" zu erhöhen. Für alle so definierten Wörter wird pro Texteinheit ein bestimmter Assoziationskoeffizient (z.B. Pearsons r, Eta) berechnet, der die Häufigkeit des gemeinsamen Auftretens zweier Wörter angibt. Mit Hilfe multivariater statistischer Analyseverfahren, wie zum Beispiel Cluster- und Faktorenanalysen oder multidimensionalen Skalierungen, können dann Kategorienmuster auf der Basis der Koeffizientenmatrix induktiv gewonnen werden. Diese Kategorienmuster beschreiben z.B. Ereignisse oder Themen in einem Korpus (siehe 2.3).
Auch wenn die Synonymlisten und später die Kategorienmuster auf den ersten Blick den Kategorien des a priori-Ansatzes von Stone ähnlich sind, so bezeichnen letztere theoretische

Konzepte, die für mehr als einen Korpus Gültigkeit beanspruchen (Mochmann 1985; Mohler 1985). Wichtig ist, daß der empirische Ansatz nur für Textkorpora geeignet ist, bei denen alle Texteinheiten zumindest in sich hochredundant bezüglich der Wortwahl und der Thematik sind. Denn nur durch eine solche genügende Wiederholung von Wortkategorien können die für diesen Ansatz entscheidenden statistischen Analyseprozeduren (Cluster, Latent Class, Faktoren etc.) sinnvoll eingesetzt werden.

Neben diesen beiden genannten Ansätzen gibt es Mischformen oder Varianten, die aber prinzipiell auf den a priori- oder den empirischen Ansatz zurückzuführen sind. Weiterhin gibt es Bestrebungen, Verfahren der konventionellen Inhaltsanalyse mit solchen der cui zu verknüpfen (Mohler 1978, 1989). Damit sollen die Stärken direkter komplexer Codes und ausformulierter, algorithmisierter Coderegeln miteinander verknüpft werden.

2.1.2 Theoretisch kritischer Exkurs

Die cui kann heute als ein wohletabliertes sozialwissenschaftliches Verfahren angesehen werden. Wie alle Verfahren ist sie nicht gegen unsinnigen Gebrauch immun. Deshalb wird im folgenden unsere methodologische Position skizziert, von der wir annehmen, daß aus ihr ein sinnvoller Gebrauch der cui resultiert. Dabei werden die o.a. unterschiedlichen Ansätze der cui in ein methodologisches Gerüst eingebettet.

Unter einem systematischen Blickwinkel kann man sagen, daß in der Inhaltsanalyse, und damit auch der cui, wenn überhaupt, nur sporadisch texttheoretische und methodologische Überlegungen angestellt werden. Weiterhin werden in der Diskussion recht unterschiedliche Ansätze vorgestellt. Dies ist an sich kein Mangel, führt jedoch in der für die Inhaltsanalyse typischen Ignorierung konkurrierender Ansätze zu einer sterilen und unsystematischen Diskussion (Mochmann 1980 mit weiteren Literaturhinweisen; Lisch/Kriz 1978; Deichsel 1975). Es würde zu weit führen, die notwendige Diskussion hier in aller Breite zu führen, aber sie soll unter Verweis auf frühere Arbeiten wenigstens skizziert werden (Mohler 1978, 1981, 1989 mit weiteren Literaturhinweisen).

Als sozialwissenschaftliche Methode, im engeren Sinne als Methode der quantitativen empirischen Sozialforschung, ist die cui demselben methodologischen Ansatz verpflichtet wie andere sozialwissenschaftliche Methoden (z.B. Umfrageforschung). Kernsätze dieses Paradigmas sind Poppers Falsifizierungstheorem, die Vorstellung von einer Abbildung der Realität durch die Verfahren, die Idee der intersubjektiven Verbindlichkeit von Ergebnissen, die Annahme latenter Variablen, das Ziel, Verteilungen und Prozesse zu analysieren und nicht zuletzt das Postulat theoretischer Einfachheit (das sogenannte Rasiermesser von William Ockam (12. Jhdt.) - engl. Ockam's Razor).

Aus diesem Blickwinkel läßt sich die Inhaltsanalyse als sozialwissenschaftliches Verfahren ganz allgemein wie folgt definieren: Die Inhaltsanalyse ist eine Methode, um Textmerkmale mittels definierter Variablen abzubilden. Die Variablen gelten als Indikatoren auf latente, nicht direkt meßbare Konstrukte wie z.B. die Person des Autors, das Publikum, das soziale Umfeld usw. Die Variablen der Inhaltsanalyse können mit Variablen anderer Methoden zu komplexen Modellen verknüpft werden (Namenwirth/Weber 1987). Die cui umfaßt dann innerhalb der Inhaltsanalyse alle Verfahren, bei denen die Zuordnung von Textmerkmalen zu Variablen mittels Algorithmen, d.h. eindeutig festgelegten logischen oder statistischen Operationen, geschieht.

Dieser allgemeine Ansatz schließt andere, wie z.B. den in der deutschen Literatur öfters vertretenen Ansatz, nach dem Inhaltsanalyse ein Verfahren der Übersetzung von natürlicher Sprache (Objektsprache) in eine sozialwissenschaftliche Metasprache sei, als Spezialfälle ein (Scheuch/Stone 1964; Mochmann 1980). Dies gilt, weil z.B. eine Übersetzung im allgemeinen dann als gelungen anzusehen ist, wenn die wesentlichen Merkmale unverzerrt von einer Sprache in eine andere *übertragen* werden können. Zum Begriff der Übersetzung gehören auch die *Rückübersetzung* sowie die *Weiterübersetzung* in dritte, vierte usw. Sprachen. Das Übersetzungsparadigma setzt also voraus, daß aus der *Abbildung* eines Textes in Variablen wieder ein *Text* abgebildet werden kann, der die Hauptmerkmale des Ursprungstextes enthält. Dies mag hier genügen, um auf die besonderen Bedingungen hinzuweisen, unter denen der Übersetzungsansatz Gültigkeit beanspruchen kann sowie seine Einbettung in den allgemeinen Fall klarzustellen.

Der derzeitige Standort der cui ist in diesem Paradigma eindeutig von den Möglichkeiten der Algorithmisierbarkeit der Textabbildung in Variablen bestimmt. Hier sind zwei Hauptrichtungen der Forschung zu betrachten, die sich wesentlich in der Art der verwendeten Textkorpora unterscheiden. Die erste Richtung analysiert Texte unter dem Blickwinkel einer bestimmten, eng umschriebenen Forschungsfrage: die Textsorten (z.B. Briefe, Zeitungen, Bücher, Videos, Filme, Dramen), die jeweilige Grundgesamtheit (z.B. alle Druckmedien, alle Zeitungen, alle Tageszeitungen, alle überregionalen Tageszeitungen, alle überregionalen Tageszeitungen ohne Lokalteil usw.) und gegebenenfalls jede Stichprobe müssen für *jedes Projekt neu definiert* werden. Die zweite Richtung arbeitet über lange Zeit mit einer festen Textauswahl aus einer Textpopulation. Das könnte z.B. die Arbeit mit der Mainzer Medienstichprobe sein oder die Antworten auf die Frage "welche berufliche Tätigkeit üben Sie aus?" (Berufs- und Branchenvercodung, Geis 1988) oder die Untersuchung von psychoanalytischen Gesprächen (Kächele/Mergenthaler 1984).

Im ersten, dem allgemeinen Fall der immer neu zu erstellenden Korpora hängen die Erfolge der cui sehr stark von *allgemein gültigen Abbildungsalgorithmen* ab, d.h. von solchen Algorithmen, die für *alle* möglichen sprachlichen Äußerungen Gültigkeit beanspruchen können. Heute und in der näheren Zukunft ist die Abbildungskraft dieser allgemein gültigen Algorithmen, verglichen mit speziellen Algorithmen, sehr schwach. Eindeutig können heute ohne größere Mühe nur folgende Textmerkmale in Variablen abgebildet werden: alle Merkmale, die sich auf die

Typographie und die Zeichen des Textes beziehen (z.B. Wortlängen, Satzlängen, Zeichenketten im Sinne von Einzelwörtern). Bei den Wörtern eines Textes können noch Wortarten mit Hilfe großer Lexika und Kategorien von "zusammengehörigen Wörtern" (den sogenannten "inhaltsanalytischen Diktionären") relativ einfach abgebildet werden. Strukturanalysen sind dagegen faktisch auf Kontingenztafelanalysen und deren Derivate bezüglich der oben angegebenen einfachen Merkmale beschränkt. Damit entfallen wesentliche, vornehmlich syntaktische Informationen, die für eine detaillierte Textanalyse notwendig sind.

Im "allgemeinen" Fall, d.h. cui mit neuen Textkorpora für jede einzelne Untersuchung, benötigt man deshalb recht starke Annahmen über die Textstruktur, wie z.B. die Redundanzannahme. Nach dieser Annahme drückt sich in *bestimmten* Textsorten die *Wichtigkeit* eines Textmerkmals (Begriffs, Namens) durch die *Häufigkeit* des Auftretens aus, *nicht* jedoch durch seine *strukturelle Positionierung* (z.B. als Subjekt oder an "zentraler Stelle" im Text). Bestimmte Verfahren, wie z.B. die Dichotomisierung von Häufigkeiten oder die Prozeßanalyse via Markovketten, mildern zwar die starke Annahme der Redundanz, können sie aber im Prinzip nicht aufheben.

Anders im zweiten, noch relativ seltenen Fall mit speziellen Textkorpora, die für unterschiedliche Fragestellungen oder über lange Zeit für eine Fragestellung genutzt werden. Hier lohnt sich der immense Aufwand für die Programmierung spezifischer Algorithmen und der Aufbau besonderer Hilfsdatenbanken (z.B. Sonderlexika, Hintergrundfakten usw.). Für solche Textkorpora eröffnen sich alle Möglichkeiten der modernen und formalen Linguistik, der Künstlichen Intelligenz und der logischen Syntaxanalyse; sie können formal *und* inhaltlich sehr detailliert analysiert werden. Allerdings sind diesen Analysen wegen der enormen Komplexität sprachlicher Systeme Grenzen gesetzt, die nach heutigem Kenntnisstand *unüberwindlich* sind. Darauf gehen wir im nächsten Abschnitt näher ein.

Die bisher gängigen Theorien in der Inhaltsanalyse gehen noch von einem deterministischen Analyseprozeß aus, d.h. jede Vercodung führt zu einem eindeutigen Code. Dagegen gibt es in der linguistischen Texttheorie schon seit langem die Vorstellung vieler möglicher Welten, in denen ebenso viele mögliche Lesarten eines Textes gegeben sind. Aus dieser Sicht wäre es z.B. das Ziel einer Inhaltsanalyse, konkurrierende Lesarten als Modelle zu entwickeln und auf ihre jeweilige Wahrscheinlichkeit hin zu überprüfen. Allerdings kann dies bis auf weiteres nicht in extenso durchgeführt werden, weil sich Sprache wegen ihrer großen Komplexität den heute bekannten analytischen Techniken in großem Maße entzieht. Dies hat vor allem seinen Grund in zwei Eigenschaften sprachlicher Systeme:

• Sprachliche Elemente sind zwar aufzählbar (d.h. man kann Listen der Elemente anlegen), sie sind aber nicht abzählbar (d.h. es gibt niemals eine vollständige, abgeschlossene Liste der Elemente). Aus diesem Postulat ergibt sich, daß in jedem *neuen* Text *neue* Elemente (z.B. Bedeutungen) zu erwarten sind. Die neuen Elemente können ähnlich wie die alten sein, sind aber eben nicht identisch. Für die Inhaltsanalyse ergibt sich daraus notwendigerweise eine ständige Anpassung der Vercodungsregeln an neue Elemente. Damit sind allgemeingültige, abgeschlossene Regelwerke unmöglich.

- Die Lesart eines Textes bzw. die Vercodung hängt sehr oft von *singulären* Merkmalen ab, d.h. ein Wort kann den Sinn eines ganzen Textes ändern (vgl. dazu die Debatte um Philipp Jenningers Rede zur Reichskristallnacht). Auch wenn solche Singularitäten einzelnen Regeln in einem bestimmten Fall folgen, ist dennoch deren Auftreten in ihrer Komplexität nicht deterministisch ableitbar. Anders gesagt, Texte verhalten sich eben nicht wie ideale Gase, wo alle Elemente gleichbedeutend sind. Vielmehr kann - auch bei einem geschriebenen und damit fixierten Text - jedes Element potentiell sein Bedeutungsgewicht ändern, ja es kann sogar ein Wort ein ganzes Textsystem determinieren. Bei fixierten Texten folgen derartige Umgewichtungen von Bedeutungen aus unterschiedlichen Annahmen und Informationen über den Kontext und den Text. Diese Andeutungen sollen genügen, um die prinzipiellen Grenzen inhaltsanalytischer Deutungen aufzuzeigen. Daraus folgt, daß auch der spezielle Ansatz der cui nur innerhalb bestimmter, vielleicht immer noch enger Grenzen, systematische Aussagen über Texte machen kann.

Im Prinzip kann, und das soll abschließend hier festgehalten werden, für einen speziellen Korpus mittels viel "Handarbeit" ein fast beliebig großes Informationssystem geschaffen werden, das sofortigen Zugriff auf alle Struktur- und Inhaltsinformationen bietet, sämtliche Verweise auf Arbeiten *über* den Korpus enthält (z.B. in welcher Arbeit wird eine bestimmte Stelle wo zitiert) und das logische, statistische sowie andere Manipulationen bzw. Berechnungen erlaubt. Dies ist keine Zukunftsbetrachtung. Es ist schlicht die Skizze des jetzt und hier technisch Machbaren. Daß es noch nicht oder nur ansatzweise getan wird, beruht weniger auf der Technik als der theoretischen und finanziellen Fundierung der Inhaltsanalyse im allgemeinen und der cui im besonderen.

2.2 Welche Arten von Texten eignen sich für die cui?

Aus dem zuvor Gesagten folgt, daß die cui, wie im übrigen alle wissenschaftlichen Verfahren, nur für einen wohldefinierten Bereich von Fragestellungen und Objekten (Texte) geeignet ist.
Im Falle der cui sind dies, wie schon Theodor W. Adorno 1952 ausführte, hochredundante Texte, wie sie vor allem in der Massenkommunikation und der Trivialliteratur zu finden sind (Adorno 1952). Das heißt andererseits, je weniger Wiederholung ein Text enthält, desto weniger ist er für die cui geeignet. Daraus mag man auf Gegensätze wie "Zeitung - Gedicht" schließen, wobei "Zeitung" als für die cui geeignet und "Gedicht" als ungeeignet angesehen wird. Dies ist jedoch nur auf der Oberfläche, quasi als Merkspruch, zutreffend. Denn auch Zeitungen sind nicht für jedes beliebige Thema "hochredundant". Es gibt Zeitungen, die hochredundant hinsichtlich der Berichterstattung über Monaco sind, während zu diesem Thema in anderen fast nichts zu finden

sein wird. Da es ja auch nicht das Ziel der cui sein soll, einzelne Gedichte zu analysieren, sondern eine Reihe von Gedichten eines Autors oder zu einem bestimmten Thema, kann man sich leicht vorstellen, daß auch über mehrere Gedichte hinweg semantische Redundanz - ganz abgesehen von den vielfältigen formalen Redundanzen - auffindbar ist.

Will man deshalb den Geltungsbereich der cui bezüglich geeigneter Texte angeben, dann können sich entsprechende Regeln nicht auf Textgattungen oder Textarten beziehen. Die Regel lautet vielmehr ganz schlicht, daß, bezogen auf die jeweilige Forschungsfrage, in den Texten genügend semantische Redundanz vorhanden sein muß. Weiterhin muß diese semantische Redundanz als Häufigkeit von Wortkategorien abbildbar sein. Anders gesagt, für die cui muß man Textwörter so geschickt zu Kategorien zusammenfassen, daß aus der Anordnung oder dem Muster der Kategorien auf den Textinhalt geschlossen werden kann. In den Kapiteln 2.3 und 6 sind Beispiele aus der Literatur aufgeführt, die unterschiedliche Komplexitätsgrade sowohl der Kategorien-definition als auch der statistischen Analyse aufweisen.

2.3 Beispiele für die Vorgehensweise

Lebendige Forschung ist wohl die beste Werbung für empirische Verfahren. Deshalb referieren wir hier exemplarische Anwendungen aus verschiedenen Bereichen, die wiederum die Anwendungsbreite der cui dokumentieren sollen. Als Einstieg nehmen wir Howard P. Ikers empirisches Verfahren für die Auffindung von Themen in Texten. Seine Analyse des Kinderbuches "Der Zauberer von Oz" dient uns dabei als Beispiel. Seinen Ansatz kontrastieren wir dann mit den Studien von J. Zvi Namenwirth und seinem Schüler Robert P. Weber, die den klassischen a priori-Wörterbuchansatz repräsentieren. Sie befassen sich mit den "Langen Wellen des Wertwandels" (den langen Wertwellen).

2.3.1   Der Zauberer von Oz: Howard P. Ikers Empirische Analyse

Iker und sein Mitarbeiter Norman I. Harway fanden eine Methode, um den Inhalt von unbekannten Texten auf relativ einfache Weise groben Themenkategorien zuordnen zu können (Iker/Harway 1969). Nach ihrer Ansicht werden Wörter, die ein Thema konstituieren, in den jeweiligen Textabschnitten häufiger verwendet als andere Wörter. Anders gesagt: findet man in einem Textabschnitt eine Gruppe von Wörtern, die eine größere gemeinsame Häufigkeit als andere haben, dann kann man diese Wortgruppe (Cluster) als Indikator für das Thema (latentes Konstrukt) eines Abschnittes verstehen.

Daraus leiteten sie eine recht einfache Vorgehensweise ab: zuerst wird die Häufigkeit der Textwörter bestimmt, die resultierende Liste wird lemmatisiert (auf Wortstämme zurückgeführt), um Funktionswörter bereinigt (z.B. Konjunktionen) und dann nach Häufigkeiten sortiert. Jetzt legt der Forscher fest, wieviele der häufigsten Wörter in der Analyse verwendet werden sollen; Iker und Harway nahmen für ihre Studie die ersten 215 Wörter. Diese 215 Wörter bilden das übergreifende semantische Feld, aus dem die Unterfelder der einzelnen Kapitelthemen gebildet werden können. Dazu wird das gemeinsame Auftreten von je zwei Wörtern in einem Unterabschnitt des Textes berechnet. Im Falle des Wizard of Oz wurde der Text in Abschnitte von 200 Wörtern zerlegt und als Maß des gemeinsamen Auftretens diente Pearsons Korrelationskoeffizient für jedes Wortpaar. Das Ergebnis ist eine Korrelationsmatrix, die für Faktorenanalysen, Clusteranalysen o.ä. benutzt werden kann. Iker und Harway berechneten mittels einer Faktorenanalyse die semantischen Unterfelder, die, wie gesagt, die Themen größerer Texteinheiten, hier Kapitel, bilden sollten. Das Ergebnis sind dann Wörtergruppen (vgl. Abb. 2.1), für die man wiederum ihre Nähe zu bestimmten Kapiteln berechnen kann. Wie man aus dieser Abbildung sieht, kann man tatsächlich die Variablengruppen (hier Wörter) als Inhaltsangabe und damit Thema einzelner Kapitel interpretieren.

<u>Abb. 2.1:</u> Die Reise nach Oz: Faktorenanalyse (Wörtergruppen)

Faktornummer und die 4 höchstladenden Wörter	Kapitel mit höchsten Korrelationen zum jeweiligen Faktor
1 AXT ÖL BLECHMANN BLECH	5. Rettung des Blechmanns
2 OZ (OBERHAUPT) OZ (DAME) TÖTEN SCHICKEN	11. Oz, die smaragdene Stadt
3 BAUER BACKSTEIN STRASSE VOGELSCHEUCHE	3. Wie Dorothe die Vogelscheuche rettete
5 ONKEL HEINRICH HAUS TANTE EM BETT	1. Der Hurrikan (die Reise nach Oz beginnt im Haus während eines Hurrikans)

nach Iker/Harway 1969, S. 395

2.3.2 Die Langen Wertwellen von Namenwirth und Weber

Namenwirth, einer der Ko-Autoren des legendären "General Inquirer" (Stone et al. 1966), untersuchte den Wandel politischer Werte in amerikanischen "Party Platforms", die in etwa vergleichbar mit deutschen Parteiprogrammen sind. Er hat darüber an vielen Stellen berichtet, am umfassendsten in dem Buch "Dynamics of Culture" (Namenwirth/Weber 1987).

Die Auswahl von Party Platforms als Texte folgte der Überlegung, daß solche Texte über die Zeit eine hohe institutionelle Konstanz haben. Zu einer solchen institutionellen Konstanz gehört z.B., daß die Produktionsweise und die allgemeinen Rahmenbedingungen für das Entstehen des Textes sich gar nicht oder nur wenig änderten. Im Falle der Party Platforms blieb die Produktionsweise insofern konstant, als es sich immer um Gemeinschaftsprodukte einer Gruppe von Personen im Umkreis des jeweiligen Präsidentschaftskandidaten handelte. Solche Autorenkollektive haben den Vorteil, daß damit der Gruppenbezug des jeweiligen Textes viel eindeutiger ist, als bei individuellen Texten, bei denen immer der Verdacht bestehen muß, der Autor folge eher seinen individuellen Ansichten, als daß er die Gruppe repräsentiere. Die relativ geringe Änderung des Wahlmodus des amerikanischen Präsidenten stabilisierte die Rahmenbedingungen, in denen die einzelnen Party Platforms entstanden. Dadurch wird die Wahrscheinlichkeit größer, daß Veränderungen in den Texten Reaktionen auf die Umwelt, d.h. die Gesellschaft sind. Weniger wahrscheinlich wird durch das Autorenkollektiv und die anderen stabilen Rahmenbedingungen, daß Veränderungen in den Texten willkürlich und rein zufällig von den beteiligten Personen und ihren individuellen Vorlieben abhängen.

Die von Namenwirth beobachtete Zeitspanne umfaßt die Jahre 1844 bis 1964, also 120 Jahre, einer für die Empirische Sozialforschung fast schon astronomisch langen Zeit. In der Tradition des General-Inquirer-Ansatzes verwendete Namenwirth ein a priori-Wörterbuch, d.h. ein cui-Wörterbuch, das im wesentlichen unabhängig von den untersuchten Party Platforms entwickelt wurde. Im englischen Sprachraum gibt es zwei große a priori-Wörterbücher, nämlich das Harvard Psycho-Social Wörterbuch (zuerst von Stone et al. entwickelt - inzwischen gibt es britische und australische Varianten) und das Lasswell-Value-Dictionary (LVD). Letzteres wurde von Harold Lasswell und J. Zvi Namenwirth entwickelt (Lasswell/Namenwirth 1968; Namenwirth/Weber 1987, S. 27ff). Die theoretischen Vorgaben dazu findet man in Lasswells und Kaplans Theorie zu politischer Macht (Lasswell/Kaplan 1963).

Das Wörterbuch gruppiert sich um acht Hauptkategorien, den Wertkategorien (vgl. Abb. 2.2), die wiederum in Unterkategorien unterteilt werden. Dazu kommen noch Zusatzkategorien, wie z.B. ANOMIE, POSITIVE AFFECT etc. Dieses abstrakte Schema wurde durch die Zuordnung einzelner Wörter zu jeweils einer Kategorie empirisch gefüllt. Für die Kategorie ENLIGTHEN-MENT GAINS (Wissens-Zuwachs) haben wir die Liste der Nomen in Abb. 2.3 dargestellt.

Abb. 2.2: Lasswell-Value-Diktionär - Kategorienschema

Hauptkategorie	Wertunterkategorie Transaktion	Unterkategorie
1. Power	Other Authoritative Power Cooperation Conflict Doctrine	Arenas Gains Losses Ends General Participant Authoritative Participants
2. Rectitude	Ethics Religious	Gains Losses Ends
3. Respect	Other	Gains Losses
4. Affection	Other	Gains Losses Participant
5. Wealth	Other	Transaction Participants
6. Well-being	Physical Psychological	Gains Losses Participants
7. Enlightenment	Other	Gains Losses Ends Participants
8. Skill	Aesthetics Other	Participants

Abb. 2.3: Kategorie ENLIGTHENMENT GAINS (LVD)

announcement
bulletin
clue
comprehension
deliberation
detection
diagnosis
dialogue
direction#2
disclosure
display#1
dissemination
evaluation
expression#1
expression#2
hunch
illustration
instruction
interview#1
investigation
measure
new#2
testimony
vigilence
warn#1

Namenwirth applizierte diesen Diktionär auf die Party Platforms und prüfte dann, ob sich die einzelnen Kategorien zu typischen Gruppierungen über die Zeit zusammenfassen lassen. Er fand, daß sich solche Gruppen nachweisen lassen und daß es vier Hauptgruppen gibt, die zyklisch aufeinander folgen. Diesen Zyklus nannte er "the wheels of time". In Abb. 2.4 ist der lange Zyklus (er fand noch einen kurzen Zyklus) stark vereinfacht wiedergegeben.

Namenwirth verband diese Textanalyse mit Beobachtungen an Kleingruppen, deren Diskussionsschwerpunkte ebenfalls zyklische Abfolgen aufweisen (Bales 1950) und folgerte, daß die von ihm gefundenen Zyklen auf universelle Abfolgen gesamtgesellschaftlicher Problembearbeitung deuten.

Abb. 2.4: The Wheels of Time: Langer Zyklus nach Namenwirth

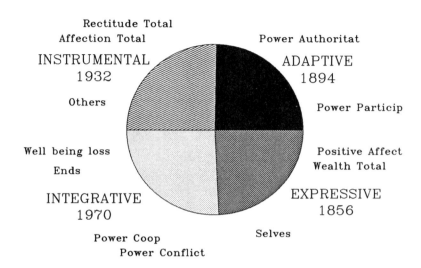

nach Namenwirth/Weber 1987

2.4 Einzelne Probleme

2.4.1 Inferenz

Eines der wesentlichen Probleme in der Inhaltsanalyse im allgemeinen und der computerunterstützten im besonderen sind die Schlüsse, die vom Text auf einen Kontext gezogen werden. Wie
schon erwähnt, sind Autor, Leser und gesellschaftliches Umfeld der Textproduktion und -re-
zeption die drei wesentlichen Einheiten von Kontextanalysen. Deshalb ist in der Inhaltsanalyse
neben dem immanenten Textverständnis auch das jeweilige *Weltwissen* für die Ergebnisse einer
Untersuchung bestimmend. Im Falle der Inferenz eines Textes auf den Autor befindet man sich
noch auf einem relativ sicheren Grund; dieser Grund wird immer unsicherer, je weiter man sich

räumlich und zeitlich von dem Urheber entfernt (Hockey 1980, S.122ff). Für Inferenzen von Texten auf die Leserschaft oder ein bestimmtes gesellschaftliches Umfeld sind erhebliche theoretische und empirische Probleme zu überwinden, weil der Blick auf die Leserschaft und auf das gesellschaftliche Umfeld immer doppelt, sowohl durch den Text wie durch dessen Autor, gebrochen wird (Merten 1983, S. 107ff; Weber 1985, S.18ff, S.58ff; Hogenraad 1990). Die sich hieraus ergebenden Probleme der Gültigkeit inhaltsanalytischer Aussagen sind noch nicht abschließend geklärt.

2.4.2 Textauswahl

Das Problem der Textauswahl ist direkt mit dem der Inferenzen verbunden. Mit Ausnahme der seltenen Fälle, in denen alle für eine Untersuchung relevanten Texte erhoben werden können (Totalerhebung), müssen für sozialwissenschaftliche Inhaltsanalysen untersuchungsspezifische bzw. repräsentative Textkorpora zusammengestellt werden. Hier ist dann immer die Frage: "repräsentativ in bezug auf was?" zu stellen. Dieses Problem tritt hier in ähnlicher Weise auf, wie in der linguistischen Textdeskription, wo nicht immer eindeutig ist, welcher Teil der Sprache durch einen bestimmten Korpus repräsentiert wird (Devons 1985). Oftmals tritt das Problem nur verdeckt auf, weil scheinbar Totalerhebungen vorgenommen wurden. Zum Beispiel ist die Analyse aller Reden des britischen Monarchen zur Parlamentseröffnung seit dem 17. Jahrhundert unter Umständen wieder nur eine Auswahl, nämlich aus vielen anderen denkbaren Texten, die auf das politische System verweisen (Weber 1978). Auch rein zufällige Auswahlverfahren garantieren keineswegs eine spätere Repräsentativität der Stichprobe für bestimmte Zwecke. So ist zum Beispiel das in der Kommunikationswissenschaft öfters angewandte Verfahren der "künstlichen Woche" (bei dem aus einer ersten Woche Montag als Stichtag, aus einer zweiten Woche Dienstag und schließlich aus einer siebten Woche der Sonntag als Stichtag genommen wird) für eine vergleichende Inhaltsanalyse von Tageszeitungen nicht unbedingt angemessen. Dies liegt daran, daß bestimmte Nachrichten in überregionalen Blättern früher als in regionalen Blättern und umgekehrt auftreten. Ebenfalls können "kurzlebige" Ereignisse mittels dieses Verfahrens nur schwerlich angemessen berücksichtigt werden. Würde die Stichprobe mit Hilfe des Verfahrens der künstlichen Woche gewonnen, dann wäre diese Stichprobe wegen einer eventuell verzögerten Berichterstattung systematisch verzerrt und unter Umständen nicht mehr für einen gegebenen Untersuchungszweck repräsentativ. In jedem Fall muß also eine genaue Prüfung der Repräsentativität der auszuwählenden Texte einer Inhaltsanalyse vorausgehen. Rein mechanische Verfahren der Textauswahl sind immer problematisch, sie könnten allzuleicht zur Unbrauchbarkeit der Textauswahl führen.

2.4.3 Textdeskription

TEXTPACK PC enthält neben den Analyseprozeduren, wie sie in TAGCODER enthalten sind, noch eine Reihe von Prozeduren zur Textdeskription, die zu den Standards der linguistischen und literarischen Textanalyse gehören. Zuerst sei die Möglichkeit genannt, ein Vokabular mit Worthäufigkeiten anzulegen (siehe 7.4.1), dann können zwei solche Vokabulare direkt mit WORDCOMP verglichen werden (siehe 7.5.1). Diese beiden Verfahren helfen den Wörterbestand eines Korpus zu erschließen. Eine einfache Verweisliste (Index) kann mit Hilfe der Prozedur XREFF (siehe 7.4.2) erzeugt werden. Schließlich können Wörter und Wortverbindungen im Kontext (KWIC, siehe 7.4.3) dargestellt werden. Letzteres ist ein unentbehrliches Hilfsmittel für die Kategorienkonstruktion.

Alle diese Prozeduren helfen, einen Korpus hinsichtlich seines Wortbestandes zu erschließen. Sollen andere Merkmale, wie z.B. syntaktische, deskriptiv erschlossen werden, muß auf spezielle Programme der linguistischen Textanalyse (z.B. TACT) zurückgegriffen werden.

3 Arbeiten mit TEXTPACK PC

3.1 Prozeduren

TEXTPACK enthält eine große Zahl von Prozeduren für die cui. Man kann diese Prozeduren in vier Gruppen unterteilen:

- Textdaten-Aufbereitung
  In diese Gruppe gehören die Prozeduren SENTENCE zum Erstellen einer SENTENCE-Datei, SENMERGE zum Korrigieren bzw. Zusammenfügen von SENTENCE-Dateien und LISTSPLT zum Drucken des Textes und zum Erstellen einer SPLIT-Datei. Um mit TEXTPACK zu arbeiten, muß aus der Original-ASCII-Textdatei immer zunächst eine SENTENCE-Datei und eine SPLIT-Datei erstellt werden (siehe 4.4, 7.3.1 und 7.3.3). Diese beiden Dateien stellen die Verbindung zwischen allen Prozeduren her.

- Textexploration
  Mit FREQ werden Worthäufigkeiten gezählt, XREFF erstellt einen Index und WORDCOMP vergleicht zwei Wortbestände. SUBSEL verbindet auf einfache Weise numerische Informationen über den Text mit der entsprechenden SENTENCE-Datei.

- Kategorisierung
  Schwerpunkt von TEXTPACK ist die Kategorisierung. Sie wird durch zwei Prozeduren unterstützt: zum einen durch die Prozedur KWIC, die Wörter des Diktionärs im Satzzusammenhang darstellt, und zum anderen durch TAGCODER, das die Vercodung des Textes aufgrund eines vorgegebenen Diktionärs durchführt.

- Portabilität
  Mit REFORM kann eine SENTENCE-Datei wieder in eine ASCII-Datei umgewandelt werden, und damit der Übergang in Textverarbeitungssysteme oder in andere cui-Programme ermöglicht werden.

3.2 Programmstart

Voraussetzung für das Starten von TEXTPACK ist die Installation des Systems auf der Festplatte (siehe TEXTPACK-Handbuch, Mohler/Züll 1990). TEXTPACK kann danach von jedem beliebigen Pfad aus mit der Eingabe von

TEXTPACK *<Enter>*

gestartet werden. Nach dem TEXTPACK-Einführungsbild erscheint das Hauptmenü, dort kann man mit den Pfeiltasten auf eine Prozedur positionieren und mit *<Enter>* in deren Untermenü wechseln. Das Hauptmenü ist wie folgt aufgebaut:

```
***** T E X T P A C K  V ***** Release 4.0 *****
F1 help   ENTER select


****************************************************************

Please select one program (or stop):

* SENTENCE: Preparing a TEXTPACK system file
* LISTSPLT: Creating a vertical text file and listing the data
* FREQ: Calculate frequencies
* KWIC: Keywords in context
* XREFF: Cross references (concordance)
* TAGCODER: Coding
* WORDCOMP: Comparing two word inventories
* SUBSEL: Preparing text subfiles on the basis of external characteristics
* REFORM: Reformating the text file
* SENMERGE: Merging and correcting a TEXTPACK system file

* Show a file
* Finish: Stops the TEXTPACK session
* Define system parameters
```

Folgende Funktionstasten unterstützen das Arbeiten mit TEXTPACK:

F1   **Hilfe** zum aktuellen Bildschirm (Help-Funktion). Mit den Pfeiltasten und *<PageUp>* und *<PageDown>* kann in den Informationen vorwärts und rückwärts geblättert werden. Wird im Hauptmenü Hilfe benötigt, kann mit *<Enter>* ausgewählt werden, für welchen Themenbereich Information benötigt wird.

F2   Werden GO-/STOP-Listen (siehe 7.2.2) direkt am Bildschirm eingegeben, muß die Liste mit *<F2>* abgeschlossen werden.

F3   **Ausführen**: Sind alle Angaben in einem Optionen-Fenster gemacht, kann mit
                <F3> die Ausführung der Prozedur gestartet werden. Bei SENTENCE und
                TAGCODER wird danach zunächst noch ein zweites Fenster mit Optionen
                abgefragt und wieder mit *<F3>* beendet. Abfragen, ob die Ausgabe am
                Bildschirm und/oder in eine Datei erfolgen soll, Abfragen eines Dateinamen für
                diese Datei und danach, ob bestehende Dateien überschrieben werden sollen,
                werden ebenfalls mit *<F3>* beendet.

F5   **Directory**: Mit *<F5>* kann eine Liste aller Dateien im Datenpfad angefordert
                werden. Im Namensfeld der Datei sind die in DOS üblichen Teilqualifizierun-
                gen zulässig (z.B. *.SPL). Es werden dann nur die ausgewählten Dateien
                aufgelistet. Mit den Pfeiltasten und *<PageUp>/<PageDown>* kann im
                Verzeichnis geblättert, mit *<Enter>* eine Datei ausgewählt werden.

F6   Der ab der Cursorposition geschriebene Teil eines Feldes wird gelöscht. Dies ist
                z.B. sinnvoll, wenn eine neue, kürzere Überschriftszeile angegeben werden soll.
                Der Rest des Feldes kann mit einem Tastendruck gelöscht werden.

F7   **Setup**: Die spezifizierten Optionen können in einer Datei abgelegt werden. Dies
                ist hilfreich, wenn TEXTPACK-Prozeduren als Batch-Job ablaufen sollen
                (siehe 3.3) oder, wenn sie nach einem Test auf dem Mainframe gestartet werden
                sollen.

F8   **DOS**: TEXTPACK erlaubt, während einer Sitzung einzelne DOS-Befehle
                auszuführen. Der auszuführende Befehl wird abgefragt.

ESC   Mit *<ESC>* kann jeweils zur nächst höheren Menüebene zurückgegangen
                werden. Im Hauptmenü bewirkt *<ESC>* das Beenden von TEXTPACK.

<CTRL> C   bricht die Ausgabe am Bildschirm ab (die Prozedurausführung selbst kann
                jedoch nicht unterbrochen werden).

TAB, Pfeile   Mit diesen Tasten kann von Option zu Option gewechselt werden.

SHIFT mit *TAB* erlauben das Zurückgehen zur vorhergehenden Option, mit *<CTRL>* zusammen
                mit *<POS1>* (*<HOME>*) wird ins erste und mit *<CTRL>* zusammen mit
                <END> ins letzte Feld eines Bildschirms gesprungen.

EINFÜG (INS) erlaubt den Wechsel zwischen Einfügen von Text und Überschreiben des Feldes.

PageUP/   erlauben das bildschirmweise Blättern im Hilfemenü.
PageDown

Nach der Auswahl einer Prozedur erscheint auf dem Bildschirm ein Menü zur Eingabe von Optionen für die Prozedur. Gibt es für die Optionen Voreinstellungen, sind sie im Fenster eingetragen und können bei Bedarf überschrieben werden. Ja/Nein-Fragen müssen mit *Y* (yes) oder *N* (no) beantwortet werden. Dateinamen und Suchpfade müssen den DOS-Konventionen entsprechend angegeben werden. Groß-/Kleinschreibung spielt bei allen Optionen keine Rolle. Einige Optionen erwarten als Antwort die Angabe von Schlüsselwörtern; diese Angaben können in diesem Handbuch oder im Help-Menü nachgeschlagen werden. Sind alle Angaben gemacht, kann die Prozedur mit *<F3>* gestartet werden. Bei SENTENCE und TAGCODER erscheint ein weiteres Fenster zur Eingabe zusätzlicher Optionen. Auch hier wird das Ausführen mit *<F3>* veranlaßt.

GO-/STOP-Listen (siehe 7.2.2) und Diktionäre (siehe 5) können mit einem beliebigen Textverarbeitungssystem als ASCII-Dateien gespeichert werden. Sind die Einträge noch nicht in einer Datei gespeichert, so wird das Feld zur Eingabe des Dateinamens im Menü freigelassen. TEXTPACK eröffnet dann, nach der Aktivierung mit *<F3>*, ein neues Menü zur Eingabe der Einträge, die am Ende in einer Datei gespeichert werden können. Die Einträge werden, jeweils in einer neuen Zeile beginnend, nacheinander geschrieben. Die Kategoriennummern in den Diktionären müssen immer rechtsbündig angegeben werden, die Wörter beginnen links im entsprechenden Feld. Nachdem die Liste vollständig ist und mit *<F2>* beendet wurde, wird ein Dateiname für die neue Datei abgefragt. Danach erscheint das vorhergehende Menü, wo der neue Dateiname im entsprechenden Feld eingetragen ist. Mit *<F3>* kann die Prozedur nun gestartet werden.

Bevor eine Prozedur ausgeführt wird, fragt TEXTPACK, ob die Druckausgabe in einer Datei abgespeichert werden soll und/oder ob sie am Bildschirm erscheinen soll. Bei langen Ausgabelisten ist es sinnvoller, sie nur in einer Datei zu speichern. Soll die Liste gedruckt werden, ist das Speichern in einer Datei erforderlich. Diese Datei kann außerhalb von TEXTPACK mit dem DOS-Print-Befehl gedruckt werden. Die Ausgabe am Bildschirm kann mit *<CTRL>* C abgebrochen werden, wobei die Ausgabe in die Datei hiervon nicht tangiert ist - sie ist auf jeden Fall *vollständig*.

Wichtiger Hinweis: TEXTPACK sortiert automatisch GO-/STOP-Listen, Diktionäre und SPLIT-Dateien. Dabei werden die Originaldateien überschrieben. Um bei Systemunterbrechungen, Plattenfehlern oder ähnlichem keinen Verlust der Daten zu riskieren, sollten alle wichtigen Dateien gesichert werden (COPY, BACKUP).

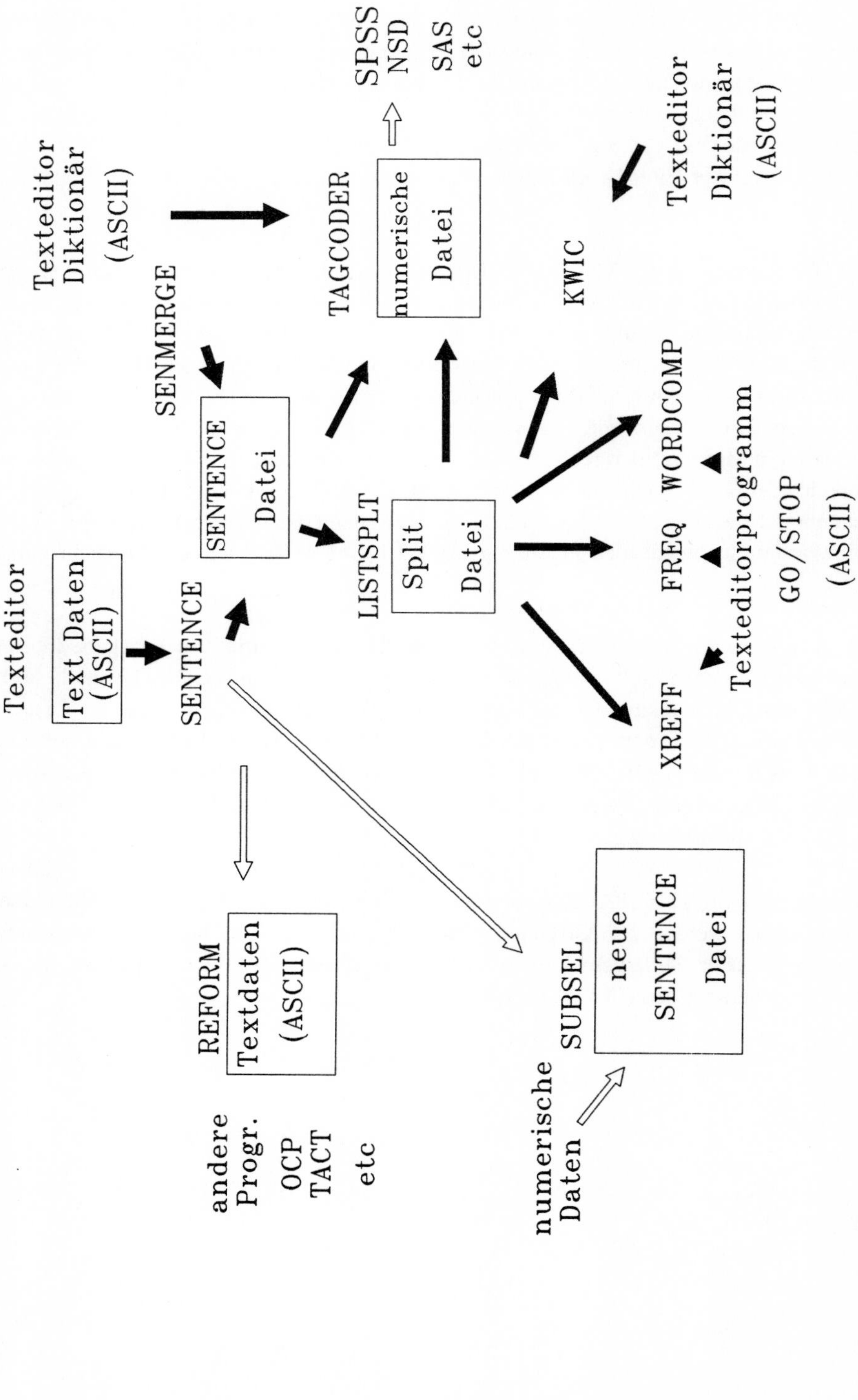

Abb. 3.1: TEXTPACK PC - Schema der Prozedurabfolgen

3.3 Starten von TEXTPACK-Prozeduren ohne Menü

Nach der Angabe aller Optionen können diese in einer Datei gespeichert werden (<F7>). Diese Datei kann verwendet werden, um TEXTPACK-Prozeduren außerhalb des Menüs ablaufen zu lassen.

Die entsprechende Prozedur kann durch Angabe des Prozedurnamens gestartet werden (z.B. SENTENCE). Die Datei mit den Optionen wird im Anschluß an den Namen, durch ein Leerzeichen und "<" getrennt, angegeben:

SENTENCE <SEN.IN

Die Druckausgabe kann auch hier in einer Datei gespeichert werden, sie erscheint dann nicht am Bildschirm. Dazu wird nach der Datei der Optionen mit ">dateiname" eine Datei für die Ausgabe angegeben:

SENTENCE <SEN.IN >SEN.OUT

Wird keine Ausgabedatei angelegt, kann mit "|MORE" erreicht werden, daß die Ausgabe nach jeder Bildschirmseite gestoppt und nach Tastendruck fortgesetzt wird:

SENTENCE <SEN.IN |MORE

Die Optionen zu allen Prozeduren sind im Anhang des TEXTPACK-Handbuchs aufgeführt.

3.4 Dateien in TEXTPACK

Ein Vorteil von TEXTPACK ist seine offene Struktur. Dies bedeutet, daß auf allen Ebenen Zwischen- und Endresultate erzeugt werden, die dann wieder als Eingabe in eigene bzw. andere Programme verwendet werden können. TEXTPACK liest die ASCII-Textdatei und erstellt daraus eine SENTENCE-Datei. Diese SENTENCE-Datei wird unter anderem dazu verwendet, eine SPLIT-Datei (Vertikaltextdatei) zu erzeugen. Beide Dateien sind Voraussetzung zu allen weiteren Analysen mit TEXTPACK PC (siehe Abb. 3.1). Von Bedeutung für die meisten Prozeduren sind daneben die Datei der GO-/STOP-Wörter und die Diktionärdatei. Tabelle 3.1 zeigt eine Zusammenstellung aller Prozeduren und die Verwendung der SENTENCE-, SPLIT-, GO-/STOP-Wörter- und Diktionärdatei.

Zusätzlich erlaubt TEXTPACK die Ausgabe verschiedener Zwischen- oder Endergebnisse in eine Datei. So kann FREQ eine Datei mit den Wörtern und den dazugehörenden Häufigkeiten erstellen. FREQ und WORDCOMP speichern optional Wörter für die Diktionärkonstruktion in einer ASCII-Datei. KWIC kann die KWIC-Zeilen speichern, die unterschiedlich gedruckt (siehe 7.4.3.1) oder mit einem Textverarbeitungssystem weiterverarbeitet werden können. SUBSEL erzeugt eine neue SENTENCE-Datei mit allen ausgewählten Texteinheiten. TAGCODER hat verschiedene Ausgabemöglichkeiten: die numerische Datei (*TAB/VEC*), eine Datei mit der Datenbeschreibung zur numerischen Datei als Eingabe in ein Statistikprogramm, eine SENTENCE-Datei, in die alle vergebenen Codes eingefügt sind und eine Datei aller Identifikationen der nicht vercodeten Einheiten.

Tab. 3.1: Verwendung der Dateien in TEXTPACK PC

Prozedur	SENTENCE-Datei	SPLIT-Datei	GO/STOP	Diktionär
FREQ		I	(I)	
KWIC	I	I		I
LISTSPLT	I	O	(I)	
REFORM	I			
SENMERGE	(I)/O			
SENTENCE	O			
SUBSEL	I			
TAGCODER	I	I		I
WORDCOMP		I	(I)	
XREFF		I	(I)	

I heißt, die Datei dient als Eingabe, *O* heißt, sie wird neu erstellt, und Klammern um die Angabe zeigen, daß sie wahlweise verwendet bzw. erzeugt wird.

3.4.1 Dateiformate

• SENTENCE-Datei
  Die SENTENCE-Datei ist in einem speziellen Format gespeichert und enthält in einigen Positionen binäre Informationen. SENTENCE behält das Druckbild der Eingabedatei nicht bei. Wichtig ist vor allem, daß eventuelle Formatierungen im Text wie Einrücken, Absätze, etc. nicht übernommen werden. Der gesamte Text innerhalb der kleinsten Identifikationsebene wird in einer Zeile (Output Record) zusammengefaßt. Die Datei kann wegen der binären Informationen nicht mit Textverarbeitungssystemen weiterverarbeitet werden. Sie ist nur für die interne TEXTPACK-Verwendung gedacht.

• SPLIT-Datei
  Die zweite zentrale Datei in TEXTPACK, die von den meisten Prozeduren benutzt wird, ist die SPLIT-Datei. Während die SENTENCE-Datei neben den Identifikatoren den Text in der Form

Das ist ein Beispiel

enthält, wird der Text in der SPLIT-Datei in Einzelwörter zerlegt:

Das
ist
ein
Beispiel

Bei dieser Datei handelt es sich um eine ASCII-Datei, die ab der zweiten Zeile die in Tabelle 3.2 beschriebene Struktur aufweist. Zeile 1 enthält bis Position 23 Nullen, gefolgt von Leerzeichen, bis in den Positionen 55/56 die Zahl der in der Datei gespeicherten Identifikationsebenen und in 57-62 die in SENTENCE vergebene Studienkennung folgen.

Tab. 3.2: SPLIT-Datei

Position		Inhalt
1 - 6		erste Identifikation (ID1) der Texteinheit
7 - 12		zweite Identifikation (ID2) der Texteinheit (soweit vergeben, sonst Leerzeichen)
13 - 17		dritte Identifikation (ID3) der Texteinheit (soweit vergeben, sonst Leerzeichen)
18 - 21		Position des Wortes in der Texteinheit
22 - 23		Wortlänge
24 - 62		Wort

• GO-/STOP-Wörter
Soll eine GO-/STOP-Liste (siehe 7.2.2) Eingabe in TEXTPACK sein, können die Wörter direkt im TEXTPACK Menü angegeben werden (ab Position 1, 1 Wort pro Zeile) oder in einem Textverarbeitungssystem eingegeben oder verändert werden. Im letzteren Fall muß das in Tabelle 3.3 beschriebene Format für jede Zeile eingehalten werden.

Tab. 3.3: GO-/STOP-Wörter-Datei

Position		Inhalt
1 - 6		frei für eigene Kommentare oder Leerzeichen
7 - 45		GO-/STOP-Wort

- Diktionär

Das Diktionär oder Kategorienschema muß eine ASCII-Datei sein. Es kann mit einem beliebigen Textverarbeitungssystem eingegeben oder verändert und entsprechend abgespeichert werden. Es kann aber auch in TEXTPACK direkt eingegeben werden, wenn das Namensfeld für die Datei im Menü leer bleibt. In einem folgenden Menüfenster werden die Einträge abgefragt und in einer Datei gespeichert. Wird das Diktionär in einem Textverarbeitungssystem aufgebaut, muß jede Zeile wie in Tabelle 3.4 beschrieben, aufgebaut werden. Achtung: keinen Tabulator bei der Eingabe verwenden!

Tab. 3.4: Diktionär-Datei

Position	Inhalt
1 - 3	Kategoriennummer, zu der das Wort gehört (rechtsbündig)
4	Leerzeichen
5	Art des Eintrags:
	leer es handelt sich um ein Wort
	+ es handelt sich um eine Wortkette
	- es handelt sich um einen Wortanfang
6	1 der Eintrag gehört zu mehr als einer Kategorie
7 - 45	Wort/Wortanfang/Wortkette (linksbündig)

4 Textvorbereitung

4.1 Festlegung der Identifikationsebenen

Um Texteinheiten eindeutig zu kennzeichnen, müssen Identifikationen vergeben werden, mittels derer TEXTPACK in der weiteren Verarbeitung auf Textteile zugreifen kann. Buchtexte sind z.B. durch Autor, Titel, Erscheinungsjahr und Ort eindeutig identifiziert, weitere mögliche Unterteilungen sind Kapitel, Seite und Zeile. Diese Angaben helfen, eine Textstelle, eine Texteinheit, eindeutig zu identifizieren. Ein anderes Beispiel sind Interviewdaten, etwa Texte zu offenen Fragen. Zur Identifikation können hier Befragtennummer und Fragenummer herangezogen werden. Bevor ein Text maschinenlesbar aufbereitet wird, muß festgelegt werden, wie diese Referenzen (Identifikationen) zu vergeben sind. Wichtig ist, daß alle Texte, die mit TEXTPACK bearbeitet werden sollen, *hierarchisch* untergegliedert werden müssen. Was hierarchisch heißt, zeigt das Beispiel der Gliederung eines Buches: die oberste Identifikationsebene eines Buchtextes könnten die Kapitel sein (ID1). Jedes Kapitel ist untergliedert in Absätze als nächste, hierarchisch untergeordnete Ebene (ID2) und jeder Absatz ist weiter untergliedert in Sätze (ID3).

TEXTPACK erlaubt bis zu drei Identifikationsebenen (ID1, ID2 und ID3) innerhalb eines Textes. ID1 und ID2 können jeweils bis zu 6 Stellen breit sein, ID3 kann maximal 5-stellig sein. Der Text muß nach diesen Identifikationen aufsteigend sortiert sein oder werden (siehe 7.3.1). Häufig genügen ein oder zwei Identifikationsebenen. Werden jedoch mehr als drei Identifikationen benötigt, muß auf SUBSEL (siehe 7.5.3) zugegriffen werden: die zusätzlichen Informationen können in einer numerischen Datei gespeichert und zur Auswahl von Texteinheiten verwendet werden. Eine erste Unterteilung kann auch durch das Aufteilen des Textes in mehrere, getrennte Dateien (pro oberste Ebene eine) erreicht werden. Zudem ist es oft möglich, mehrere Identifikationen zu einem Wert zusammenzufassen (z.B. bei mehreren Büchern wird die Buchnummer als erste Ziffer der ID1, die Kapitelnummer als Ziffern 3 und 4 gespeichert). Die Identifikationen der nächst unteren Ebene (ID2 oder ID3) können automatisch erzeugt werden. Als Begrenzung einer Texteinheit können Zeichen festgelegt werden, die zur automatischen Unterteilung verwendet werden sollen. Bei der automatischen Unterteilung eines Textes in weitere Untereinheiten wird er in den meisten Fällen in Sätze zerlegt, und als Begrenzer werden die Satzzeichen Punkt, Ausrufezeichen und Fragezeichen verwendet. Eine Texteinheit der untersten Ebene darf maximal 3985 Zeichen lang sein. In sehr großen Texteinheiten ist die automatische Unterteilung nach Sätzen oft hilfreich. Auch in diesem Fall sind (einschließlich der neu erzeugten) nicht mehr als drei Identifikatoren zulässig.

Identifikatoren können numerisch (d.h. als Ziffern) oder alphanumerisch (als Ziffern und Buchstaben) aufgebaut werden. Soweit möglich sollte aber immer mit numerischen Identifikatoren gearbeitet werden, denn nur so stehen alle Filtermöglichkeiten (siehe 7.2), die

TEXTPACK bietet, in vollem Umfang zur Verfügung. Sind die Identifikatoren alphanumerisch, können Texteinheiten nur noch über SUBSEL ausgewählt werden. Numerische Identifikatoren können Werte zwischen 1 und 999999 (ID3 bis 99999) annehmen, negative Werte und 0 als Identifikationsnummern sind nicht zulässig.

4.2 Eingabe der Textdaten in TEXTPACK: Eingabeformate

TEXTPACK liest den Text als ASCII-Datei ein. Es kennt drei Notationsweisen (Eingabeformate) für Identifikatoren und Text.

- Format 1: mit Präfix gekennzeichnete Identifikatoren

  Für jede Identifikationsebene wird ein Zeichen als Präfix festgelegt, das bis zu drei Stellen lang sein kann und dem Identifikator unmittelbar vorangestellt wird. Die einzelnen Identifikatoren und der Text müssen jeweils auf einer eigenen Zeile beginnen. Eine Zeile mit einem Identifikator darf *nichts* außer dem Präfix und dem Identifikator enthalten. Beispiel: ID1 identifiziert den Befragten einer Umfrage und ist gekennzeichnet durch ein $-Zeichen, ID2 ist die Fragenummer und gekennzeichnet durch einen Stern (*). Der Text wird folgendermaßen eingegeben:

$2021
*5
Das sind die radikalen, KPD. Gruppen, die gegen die bestehende Regierung
sind.
*6
Die Partei, die wir jetzt zur Zeit an der Regierung haben.
$2042
*5
Sind wohl die Sozis oder aus dieser Richtung.
*6
Vielleicht CSU und ihre Anhaenger.
$2871
*5
Die Linken beziehen sich in ihrer Politik mehr auf Soziales.
*6
CDU und CSU sind haerter in ihrem Kurs und Forscher. Hier spielt auch
die Gunst des Politikers eine Rolle.
$2881
*5
Wenn sich jemand stark einer Parteiauffassung annaehert.
*6
Wenn sich jemand stark einer Parteiauffassung annaehert.
$3813

*5
Sitzverordnung im Bundestag, links SPD.
*6
Sitzverordnung im Bundestag, rechts CDU.
$3817
*5
Der Kommunismus, das System, das in der DDR herrscht.
*6
Der Nationalsozialismus, das Dritte Reich, Strauss.
$3841
*5
Abbau von sozialen Ungerechtigkeiten, Abbau von Privilegien, mehr
Chancengleichheit in der Schule.
*6
Nationale Politik, Einschraenkung demokratischer Rechte.

Die Identifikatoren müssen nur dann angegeben werden, wenn sie sich ändern, bzw. wenn sich eine der übergeordneten Identifikatoren ändert. Im oben angegebenen Beispiel muß z.B. ID2 für jede neue Frage angegeben werden.

Format 1 eignet sich vor allem dann, wenn Texte bereits maschinenlesbar vorliegen (siehe 4.3.1.2) oder mit einem Scanner gelesen wurden (siehe 4.3.1.3) und die Identifikationen nachträglich eingefügt werden. Aber auch bei der Verschriftung von Texten in einem Textverarbeitungssystem ist dieses Format einfach zu handhaben. Ein Nachteil ist, daß die Texte aufsteigend nach den Werten der Identifikationen eingegeben werden müssen, weil eine automatische Sortierung in SENTENCE bei diesem Format nicht möglich ist. Es besteht in TEXTPACK allerdings eine Möglichkeit, diese Daten nachträglich zu sortieren: die Texte werden in SENTENCE eingelesen, danach wird die SENTENCE-Datei mit REFORM wieder als ASCII-Datei ausgegeben und erneut in SENTENCE eingelesen und dabei sortiert - sie hat nun Format 2 (siehe 7.3.1.3 und 7.6.1.3).

• Format 2 - festes Format

Dieses zweite Textformat eignet sich bei der Neueingabe eines Textes mit einem Textverarbeitungssystem bzw. einem Formularprogramm. Bei diesem Format werden Identifikatoren und Text in festen Feldern eingegeben, d.h. ID1, ID2 und ID3 stehen immer rechtsbündig in denselben Positionen einer Zeile und auch für den Text ist ein fester Bereich zu wählen. Reihenfolge und Breite der Felder in einer Zeile sind vom Anwender festzulegen. Im oben aufgeführten Beispiel könnte z.B. ID1 in den Positionen 1-5, ID2 in 7-8 stehen und der Text ab Position 10 bis 80 folgen. Identifikatoren müssen nur angegeben werden, wenn sich der Wert der Identifikation oder einer höheren Identifikation ändert, sonst kann das entsprechende Feld leer bleiben. Zusätzlich zu den Identifikatoren können bei diesem Format die Zeilen innerhalb der kleinsten Identifikationsebene fortlaufend numeriert werden. Auch diese Numerierung muß immer auf denselben Positionen rechtsbündig angegeben werden. Werden die Texte im Format 2 eingegeben, ist die Reihenfolge der Texte beliebig, denn

SENTENCE kann sie automatisch aufsteigend sortieren. Das bei Format 1 gezeigte Beispiel müßte im Format 2 folgendermaßen aufgebaut sein:

02021 05 Das sind die radikalen, KPD. Gruppen, die gegen die bestehende Regierung
         sind.
       06 Die Partei, die wir jetzt zur Zeit an der Regierung haben.
02042 05 Sind wohl die Sozis oder aus dieser Richtung.
       06 Vielleicht CSU und ihre Anhaenger.
02871 05 Die Linken beziehen sich in ihrer Politik mehr auf Soziales.
       06 CDU und CSU sind haerter in ihrem Kurs und Forscher. Hier spielt auch
         die Gunst des Politikers eine Rolle.
02881 05 Wenn sich jemand stark einer Parteiauffassung annaehert.
       06 Wenn sich jemand stark einer Parteiauffassung annaehert.
03813 05 Sitzverordnung im Bundestag, links SPD.
       06 Sitzverordnung im Bundestag, rechts CDU.
03817 05 Der Kommunismus, das System, das in der DDR herrscht.
       06 Der Nationalsozialismus, das Dritte Reich, Strauss.
03841 05 Abbau von sozialen Ungerechtigkeiten, Abbau von Privilegien, mehr
         Chancengleichheit in der Schule.
       06 Nationale Politik, Einschraenkung demokratischer Rechte.

- Format 3 - "General Inquirer"-Format

Dieses Format ist vor allem dann sinnvoll, wenn Texte für den General Inquirer vorbereitet waren (Züll et al. 1989) und nun in TEXTPACK verarbeitet werden sollen. Die Identifikatoren stehen jeweils vor einer Texteinheit auf einer Zeile immer ab Position 1. Fortsetzungszeilen der Einheit werden mit einem wählbaren Zeichen in Position 1 der Fortsetzungszeile angezeigt. Position 2 muß leer bleiben, danach folgt der Fortsetzungstext. Der oben gezeigte Beispieltext sieht in Format 3 so aus:

0202105 Das sind die radikalen, KPD. Gruppen, die gegen die bestehende Regierung
* sind.
0202106 Die Partei, die wir jetzt zur Zeit an der Regierung haben.
0204205 Sind wohl die Sozis oder aus dieser Richtung.
0204206 Vielleicht CSU und ihre Anhaenger.
0287105 Die Linken beziehen sich in ihrer Politik mehr auf Soziales.
0287106 CDU und CSU sind haerter in ihrem Kurs und Forscher. Hier spielt auch
* die Gunst des Politikers eine Rolle.
0288105 Wenn sich jemand stark einer Parteiauffassung annaehert.
0288106 Wenn sich jemand stark einer Parteiauffassung annaehert.
0381305 Sitzverordnung im Bundestag, links SPD.
0381306 Sitzverordnung im Bundestag, rechts CDU.
0381705 Der Kommunismus, das System, das in der DDR herrscht.
0381706 Der Nationalsozialismus, das Dritte Reich, Strauss.
0384105 Abbau von sozialen Ungerechtigkeiten, Abbau von Privilegien, mehr
* Chancengleichheit in der Schule.
0384106 Nationale Politik, Einschraenkung demokratischer Rechte.

4.3 Texterfassung

Sollen Texte oder allgemein Daten mit dem Computer in irgendeiner Weise verarbeitet werden, müssen sie zunächst maschinenlesbar sein. Das bedeutet, daß die Daten auf einem Datenträger (Band, Diskette, Festplatte) verfügbar sein müssen. In der Regel müssen Texte dafür zunächst erfaßt werden. Es handelt sich hierbei um einen Übertragungsvorgang, der zumindest die formale Gestalt (Druckbild) des Originaltextes verändert. Die ASCII-Datei, wie sie TEXTPACK erfordert, unterscheidet nicht zwischen unterschiedlichen Schrifttypen, kennt keine Unterstreichungen oder Fettdruck, sondern enthält lediglich die Zeichenfolge des Originaltextes. Auf die Verwendung von Tabulatoren u.ä. sollte deshalb bei der Eingabe verzichtet werden (Tabulatoren hinterlassen oft auch im ASCII-Datensatz Sonderzeichen, die zu Irritationen bei der Auswertung führen können). Des weiteren sollte man sich schon bei der Erfassung bewußt sein, daß alle Arten von Formatierungen wie Absatz, Leerzeilen, Leerzeichen, Sperrschrift usw. im SENTENCE-Datensatz, d.h. bei jeder weiteren Verwendung innerhalb von TEXTPACK, nicht mehr vorhanden sind, sondern als einzige formale Gliederung die Unterteilung nach Identifikatoren übrig bleibt. Alle Texte, gleichgültig wie sie maschinenlesbar wurden, unterliegen in TEXTPACK der Einschränkung, daß nur Worte bis zu einer Länge von 39 Zeichen verarbeitet werden, d.h. in der SPLIT-Datei (Ausgabe von LISTSPLT) sind alle Worte nach dem 39. Zeichen abgeschnitten, während sie bei einem Ausdruck der SENTENCE-Datei vollständig erscheinen.

Im folgenden wird unterschieden zwischen der Erfassung der geschriebenen Sprache - dabei gibt es drei Möglichkeiten, mit denen Texte für die Computerverarbeitung erfaßt werden können - und der von gesprochener Sprache. Unerläßlich für alle Eingabe- bzw. Erfassungsmöglichkeiten ist die Erstellung einer SENTENCE-Datei und damit die Vergabe von Identifikatoren (siehe 4.1).

4.3.1 Geschriebene Sprache

4.3.1.1 Abschreiben von Texten

Der zu erfassende Text (z.B. notierte Antworten auf offene Fragen in einem Fragebogen, Teile eines Buches) wird mit Hilfe eines Textverarbeitungssystems oder Editors abgeschrieben (siehe 4.4). Wie oben angedeutet, erfolgt mit der Texterfassung eine Veränderung des Urtextes. Eine wissenschaftliche Vorgehensweise erfordert, daß diese Veränderung systematisch, kontrolliert und nachvollziehbar ist, d.h. es muß ein Regelwerk für die Verschriftung erstellt werden, vor allem dann, wenn mehrere Personen an der Verschriftung beteiligt sind. Umfang und Aufwand richten sich - dies gilt für die gesamte Vorbereitung der Texte - immer nach der Fragestellung und Zielsetzung der Untersuchung. Geht es z.B. um eine explorative Themensammlung mag es reichen, lediglich Stichworte zu erfassen.

Doch auch schon hier ist es sinnvoll zu regeln, wie mit der Groß-/Kleinschreibung zu verfahren ist. In der deutschen Sprache gibt die Groß-/Kleinschreibung Hinweise auf die Funktion bzw. die Wortart. Für Stilanalysen z.B. ist es wichtig, Substantive identifizieren zu können; auch für die Auszählung von Worthäufigkeiten ist die einheitliche Schreibweise eines Wortes notwendig, sollen diese Worte nicht als jeweils neues Wort behandelt werden. Die Wörter am Satzanfang dürfen dann nicht groß geschrieben werden, wie es der Rechtschreibung entspricht, sondern wären so zu schreiben, als stünden sie mitten im Satz. Innerhalb von TEXTPACK spielt es keine Rolle, an welcher Stelle im Satz ein Wort steht; die Position innerhalb der kleinsten Einheit ist jedoch in der SPLIT-Datei dokumentiert und abrufbar (siehe 7.4.2).

Alles, was eine Veränderung der Vorlage bedeutet, muß als Regel fixiert werden. So auch die Frage der Korrekturen von offensichtlichen Fehlern. Bezieht sich die Forschungsfrage auf den formalen Bildungsstand von Personen, deren Niederschrift analysiert werden soll, ist zu überlegen, ob nicht auch Rechtschreib-, Satzbau- und Grammatikfehler mit in die Textdatei zu übernehmen sind. Steht jedoch die eigentliche Aussage im Mittelpunkt, ist es ratsam, alle offensichtlichen Fehler während der Verschriftung zu korrigieren, nicht zuletzt auch im Sinne einer ökonomischen Auswertung: die geringste Veränderung in der Schreibweise eines Wortes läßt TEXTPACK jeweils ein neues Wort erkennen; bei der Auszählung von Worthäufigkeiten z.B. wird es dann jeweils getrennt ausgezählt. Das widerspricht den Zielen der Inhaltsanalyse, nämlich die Vielfältigkeit der Erscheinungen zu reduzieren und überschaubar zu machen. Gegebenenfalls können allerdings Schreibvarianten mittels TAGCODER und eines geeigneten Diktionärs zusammengefaßt werden.

Werden Antworten von Befragten verschriftet, ist festzulegen, wie mit fehlenden oder nicht lesbaren Angaben umzugehen ist. Es empfehlen sich Standardtexte, wie "Trifft nicht zu", "Verweigert", "Weiß nicht", "Keine Angabe", "Blatt fehlt", "NL" (für nicht lesbar) oder auch Codes, die den entsprechenden Angaben zugeordnet sind.

Weitere Regelungen sind zu folgenden Bereichen denkbar:

Wie werden Überschriften, Hervorhebungen in einem Text (Unterstreichungen, Fettschrift, Kursivschrift) markiert?

In welcher Reihenfolge ist zu verschriften?

Wie werden Worttrennungen vorgenommen? TEXTPACK erlaubt eine beliebige Trennung; alle Worte am Ende einer Zeile, denen ein Bindestrich ohne Leerzeichen angefügt ist, werden zusammen mit dem ersten Wort der Folgezeile als ein Wort gelesen. Das bedeutet, daß gewisse Trennungsregeln sogar mißachtet werden müssen; z.B. darf "Bäcker" durch Trennung nicht zu "Bäk - ker" werden, sonst würde es in der weiteren Verarbeitung nur noch als "Bäkker" in Erscheinung treten.

Wie sind die Dateien zur klaren Identifikation zu benennen (wichtig, wenn mehrere Personen an ein und demselben Gerät arbeiten)?

Wie werden Abkürzungen verschriftet? Wenn der Punkt als Begrenzer zur Generierung eines weiteren Identifikators gebraucht wird, darf er sonst im Text nicht vorkommen (siehe 7.3.1.1).

Wenn im Fragebogen auf eine andere Stelle verwiesen wird ("siehe oben", "siehe Frage xy"), soll der Verweis oder der Text, auf den verwiesen wurde, geschrieben werden?

Noch ein praktischer Hinweis: Wenn bereits verschriftete Dokumente in festgelegter Weise (z.B. Namenskürzel) an bestimmten Stellen (z.B. rechts oben auf dem Deckblatt des Fragebogens) markiert werden, können Mißverständnisse oder Mehrfacharbeit vermieden werden.

In jedem Fall aber muß die Vergabe von Identifikatoren geregelt sein (siehe 4.1). Für Abschriften dürfte das Eingabeformat 1 das günstigste sein, bei der die Identifikatoren jeweils auf einer eigenen Zeile stehen, angeführt von einem frei definierbaren Zeichen. Diese Regelung, aber auch die Vorgehensweise für eine eventuelle manuelle Generierung von Identifikatoren (z.B. nach Sinneinheiten oder Aussagen) müssen der verschriftenden Person transparent gemacht werden. Selbst scheinbare Kleinigkeiten sollten in die Liste der Regeln mit aufgenommen werden, wenn sie nicht eindeutig sind, wie z.B. die Unterscheidung zwischen der Ziffer "0" und dem Großbuchstaben "O", oder daß die Ziffern der Identifikatoren rechtsbündig bzw. mit führenden Nullen zu schreiben sind (gilt nur für Eingabeformate 2 und 3).

Die so erstellte Datei muß vor der Bearbeitung mit TEXTPACK in das ASCII-Format ohne Sonderformatierungen (Fettdruck, Unterstreichung u.ä.) überführt und abgespeichert werden (siehe 4.4).

4.3.1.2 Übernahme maschinenlesbarer Texte

Der größte Teil der Printmedien erstellt ihre Drucksätze mittlerweile mit Computerunterstützung. Ebenso werden in vielen sprachwissenschaftlichen Instituten Textcorpora archiviert. So sind im Institut für Deutsche Sprache in Mannheim 10 Textkopora der geschriebenen und gesprochenen deutschen Sprache mit einem Umfang von mehr als 20 Millionen Wortformen vorhanden (Stand: Dezember 1989). Derartige Texte sind also bereits maschinenlesbar und stehen für Analysen zur Verfügung. Jedoch bereitet die Übertragbarkeit der Texte von einem Textverarbeitungssystem in ein anderes bisweilen noch Schwierigkeiten. Ein weiteres Problem stellt die zeitlich nur begrenzte Archivierung besonders bei der aktuellen Tagespresse dar, dem nur durch frühzeitige Planung begegnet werden kann.

Im übrigen würde hier nur der Aufwand für das Einfügen der Identifikatoren in den Text anfallen.

4.3.1.3 Automatische Texterfassung - Scanner

Handelt es sich um Textmaterial, das schon irgendeinen maschinellen Prozeß durchlaufen hat (gedruckt, mit Schreibmaschine geschrieben) oder mit standardisierter Schrift handgeschrieben wurde, was eine sehr hohe Sorgfalt vom Schreibenden erfordert, bietet es sich an, ein Lesegerät einzusetzten.

Noch vor 10 Jahren, als Bildschirme selten und teuer waren, war das sogenannte OCR-Belegleseverfahren eine durchaus kostengünstige Form der Texterfassung. Mit speziellen OCR-Schreibmaschinen-Kugelköpfen (Optical Character Recognition) beschriebene Formulare wurden von einem speziellen Lesegerät weiterverarbeitet. Diese Vorlagen mußten jedoch besonders aufbereitet sein (nur OCR-Schreibmaschinentypen, Zeilengenauigkeit, bestimmter Rand, Schwärze der Buchstaben, Leerstellen, Korrekturen, Reinheit des Blattes usw.). Diese Lesegeräte beanspruchten bezüglich Platzbedarf, Wartung und Bedienung ein Mehrfaches von heutigen Mini-Rechnern. Mindestens ebenso aufwendig (Bedienung und Kosten), aber wesentlich effizienter waren die trainierbaren Omnifontleser, wie z.B. die KDEM (Kurzweil Data Entry Maschine) von Xerox. Heutige Geräte leisten ebensoviel wie seinerzeit die KDEM, kosten aber nur noch ein Zehntel vom damaligen Preis und haben nur noch einen geringen Platzbedarf. In der Größe eines kleinen Tischkopierers, zum Preis von etwa 30.000 bis 40.000 DM, liest ein solches Gerät verschiedenste Schriftarten und -typen. Es erkennt Zeitungsspalten und erfaßt graphische Darstellungen so, daß sie mit anderen Desktop-Publishing-Systemen direkt weiterverarbeitet werden können u.a. mehr.

Hier einige Gesichtspunkte zur Beurteilung von Lesegeräten:

- Zu unterscheiden ist zwischen zwei Komponenten: dem bloßen Lesegerät, dem Scanner, der die Vorlage abtastet und lediglich als Bild mit hell-dunklen Punkten abspeichert und die Software, die dieses Bild in weiterverarbeitbare einzelne Zeichen umsetzt. Ein Scanner ohne die geeignete Software ist nutzlos.

- Manche Geräte haben nur bestimmte Sprachen und feste Fonts (Zeichensätze). Innerhalb dieser Zeichensätze gibt es jeweils Buchstaben verschiedener Größe und Darstellungsformen; andere Geräte arbeiten darüber hinaus mit ICR-Software (Intelligent Character Recognition), wobei sich die Erkennungssicherheit mit jedem erkannten Zeichen steigert, weil immer mehr "Beispiele" vorhanden sind, mit denen das gelesene Zeichen verglichen werden kann. Wieder andere Geräte müssen - sozusagen bei Null beginnend - ausschließlich trainiert werden, d.h. jedes optisch erkannte Zeichen muß zunächst einmal als ein bestimmter Buchstabe definiert werden. Wenn es sich nicht um ein "lernfähiges" Gerät handelt, kann der Umfang des Trainingsaufwandes mitunter beträchtlich werden. Dann muß z.B. bei einem Zeitungstext ein und derselbe Buchstabe immer wieder definiert werden, nur weil an einer jeweils anderen Ecke eine winzige Ausfranzung, bedingt durch den Druck auf nicht ganz holzfreiem Papier, ein nicht völlig identisches Bild mit dem bereits abgespeicherten Buchstaben hervorbringt.

- Unterschiede ergeben sich in der Feinheit der Punkte und den möglichen Graustufen, die noch unterschieden werden (für Erfassung von Graphiken, Bildern oder Fotographien wichtig). Andererseits braucht das Gerät um so länger, je genauer abgetastet wird.

- Das Ausgabeformat sollte nicht an ein bestimmtes Textverarbeitungssystem gebunden sein; ASCII-Dateien müßten jedoch alle Fabrikate herstellen können.

- Manchmal ist ein Rechtschreibprüfprogramm in die Software integriert, was u.U. den zügigen Ablauf stört, andere Prüfungen laufen separat. Die Möglichkeit, ein Prüfprogramm über den gelesenen Text laufen zu lassen, sollte aber in jedem Fall gegeben sein.

- Wenn es sich um große Textmengen handelt, ist auf die Lesegeschwindigkeit zu achten; sie variiert zwischen 50.000 bis 200.000 Zeichen je Stunde (gültig für die Kurzweil 5100).

- Variabilität der Lesevorlagen zeichnet die besseren Geräte aus, so daß Blätter, Bücher, Zeitungen in unterschiedlicher Größe teilweise auch automatisch abgearbeitet werden können, ohne daß z.B. normgerechte Zwischenkopien des Textes angefertigt werden müssen.

- Die Scannereinrichtung selbst gibt es in verschiedenen Ausführungen: Flachbett-Scanner (wichtig, wenn Bücher als Lesevorlagen verwendet werden), Walzeneinzug (dann können nur einzelne Blätter gelesen werden) oder Handscanner (nur für ruhige Hände oder Erfassung von Strichcodes geeignet).

- Weiteres Ausstattungsmerkmal ist die Möglichkeit einer Spaltenerkennung: die Spalten einer Zeitung z.B. werden in der richtigen Reihenfolge eingelesen, gesteuert durch die Länge der Überschrift.

- Sind nur Teile eines Schriftstücks zu lesen, sollte die Möglichkeit vorhanden sein, die zu lesenden Textausschnitte auszuwählen und zu markieren.

- Je nach Bedarf kann es wichtig sein, auch Graphiken, Bilder oder Fotographien zu erfassen. Dann muß auf ein hohes Auflösungsvermögen des Scanners und auf entsprechende Schnittstellen für die Weiterverarbeitung geachtet werden.

- Wenngleich die Bedienungsfreundlichkeit immer größer wird, sollte geprüft werden, wie groß der Aufwand der Bedienung ist: ist eine besondere Schulung oder gar Fachkraft notwendig oder arbeitet das Gerät weitgehend selbständig?

- Alle Eigenschaften schlagen sich mehr oder weniger in der Fehlerrate beim Lesen nieder. Ein Text von einer perfekten Vorlage ohne Besonderheiten wie vermischte Schrifttypen, Größen, schlechte Druckqualität usw. sollte auch perfekt gelesen werden. Im übrigen ist vor der Anschaffung eines Gerätes immer ein praktischer Test mit den Vorlagen zu empfehlen, die vorwiegend gelesen werden sollen.

Wenn die Texte eingelesen sind, schließt sich eine Überarbeitung an, bei der evtl. Textkorrekturen vorgenommen werden, vor allem aber die Identifikatoren eingefügt werden müssen (siehe 4.1).

4.3.2 Gesprochene Sprache

Gesprochene Sprache ist nur sehr bedingt unmittelbar mit dem Computer weiterzuverarbeiten. Die Umsetzung von gesprochener Sprache in die Schriftform nennt man Transkription. Was die Regelung dieses Umsetzungsprozesses betrifft, gilt zunächst analog all das, was zur Verschriftung in Kapitel 4.3.1.1 gesagt wurde. Im übrigen gibt es auch hier keinen allgemeingültigen Standard; entscheidend ist das Untersuchungsziel. Geht es z.B. darum, aus einem offenen Interview geschlossene Vorgaben für eine standardisierte Befragung zu eruieren, so mag es reichen, die Antworten lediglich mit den sinntragenden Stichworten festzuhalten. Sind aber z.B. Strukturmerkmale eines Patienten für eine Psychotherapie von Interesse, muß die Transkription der Tonprotokolle neben dem vollständigen Text auch Angaben über Höhe der Stimmlage, Pausen, unartikulierte Laute u.ä. enthalten (vgl. hierzu Mergenthaler 1986a). Handelt es sich bei Tonaufzeichnungen um gesprochene Schriftsprache (z.B. von einem Vortrag), brauchen die notwendigen Regeln dagegen kaum mehr umfassen als die der Rechtschreibung. Bei der Übertragung von Umgangssprache jedoch muß zumindest die Erfassung der Phonetik geregelt werden.

Generell regelungsbedürftig sind bei Transkriptionen Ausführlichkeit der Verschriftung, Behandlung von sprachlichen Eigenheiten wie Dialekt und Umgangssprache, die Behandlung unverständlicher Textpassagen, Redeunterbrechungen, Schreibweise von Umlauten, Groß-/ Kleinschreibung (z.B. auch am Satzanfang), Trennung usw.:

- Ausführlichkeit der Transkription: Was muß alles transkribiert werden? Müssen z.B. Frage und Antwort transkribiert werden? Wurden standardisierte Frageformulierungen verwendet, so muß der Fragetext nur dann geschrieben werden, wenn er von der standardisierten Fassung abweicht, ansonsten reicht die Frage-ID anstelle des Textes.

- Sprachliche Veränderungen bei der Transkription: Wird in die Hochsprache umformuliert? Bleibt die Umgangssprache erhalten? Wie sehr wird Dialekt berücksichtigt? Eine Möglichkeit: Es erfolgt lediglich eine phonetische Übertragung von Umgangssprache und Dialekt, d.h. die Worte werden nicht ersetzt, sondern nur der lexikalischen Schreibweise angeglichen. "Woast" wird z.B. zu "weißt", "kriegste" wird zu "kriegst du". Worte, Wortstellungen, Satzkonstruktionen bleiben unverändert. Für Zweifelsfälle könnte gelten: Jedes Wort, das im Duden zu finden ist, darf geschrieben werden (gilt besonders für Ausdrücke der Umgangssprache).

- Behandlung unverständlicher Textpassagen: Wie spezifisch werden nicht verständliche Teile gekennzeichnet (nur global oder Festhalten von Gründen für Unverständlichkeit und Grad der Unverständlichkeit)? Eine Möglichkeit: Wird ein Text auch nach mehrmaligem Hören nicht verstanden, soll eine zweite oder dritte Person hinzugezogen werden. Kann der Text auch von drei Personen nicht identifiziert werden, wird die Stelle mit zwei Fragezeichen (??) erfaßt, wenn es sich um einzelne Wörter oder Satzteile handelt; sind dagegen größere Textpassagen betroffen, wird diese Stelle mit drei Fragezeichen (???) markiert. Sind keine geeigneten

Personen zum Kontrollhören vorhanden, wird diese Stelle möglichst genau notiert (ID, Bandzählerstand o.ä.), um später diesen Abschnitt überprüfen zu können.

- Verhalten bei Redeunterbrechungen oder gleichzeitigem Reden: Wenn z.B. ein Sprecher dem anderen ins Wort fällt, wird die Rede mit einem zu vereinbarenden Zeichen (z.B. drei Punkte) abgeschlossen und so verfahren wie bei einem Rednerwechsel. Reden mehrere Sprecher gleichzeitig, kann dies durch ein besonderes Zeichen (Präfix oder Suffix der Redner-ID) angedeutet werden. Andere Möglichkeiten sind Anmerkungen in Kommentarzeilen, die wie Redner-Identifikationen kenntlich gemacht werden, die Behandlung wie nacheinander gesprochene Beiträge oder schlichtes Weglassen der Zwischenreden.

- Besonderheiten wie z.B. besonders schlechte Aufnahmequalität oder nicht "übersetzbare" Dialekt-Ausdrücke sollten mit ID und Bandstelle notiert werden.

- Es empfiehlt sich, die einzelnen Arbeitsschritte der Transkription genau festzulegen, besonders dann, wenn mehrere Personen transkribieren (z.B. Markierung dessen, was bereits bearbeitet ist).

- Weitere Aspekte, die evtl. zu regeln sind: Pausen, Husten, Räuspern, Stottern, Nebengeräusche u.a.m.

- Gegebenenfalls sollte eine gesonderte Identifikationsnummer für Transkribenten eingerichtet werden. Damit können Kommentare des Transkribenten direkt miterfaßt und Teil der Textdatei werden.

4.4 Vorbereitung der Texte mit einem Textverarbeitungssystem

Nachdem feststeht, welches der drei Formate verwendet werden soll, wie die Texteinheiten definiert werden (Identifikatoren) und welche Regeln bei der Verschriftung von Texten zu beachten sind, ergibt sich die Frage nach der Eingabe des Textes in den PC. Liegen die Texte selbst schon maschinenlesbar vor, müssen zumindest die Identifikationsnummern in den Text eingefügt werden. Für diese Arbeiten kann jedes beliebige Textverarbeitungssystem verwendet werden, das in der Lage ist, ASCII-Dateien zu erstellen (z.B. MSWORD, WordPerfect oder WORDSTAR). Der Text kann in einem Textverarbeitungssystem eingegeben, verändert oder korrigiert werden und Identifikatoren können den Regeln entsprechend eingefügt werden. Wichtig ist, daß jede neu eingegebene Zeile mit der <Enter>-Taste beendet werden muß, wenn die Datei als ASCII-Datei gespeichert wird. Die meisten Systeme bieten diese Option. Das Setzen von Tabulatoren sollte möglichst unterbleiben, da viele Textverarbeitungssysteme den

Tabulator als ASCII-Zeichen speichern und nicht durch Leerstellen ersetzen. Die beiden folgenden Beispiele von Textverarbeitungssystemen sollen zeigen, wie in zwei der am häufigsten verwendeten Systeme ASCII-Dateien erzeugt werden.

- MSWORD 4.0

  Der Text wird nach allen oben angegebenen Regeln eingegeben, jede Zeile mit einem *<Enter>* abgeschlossen. Um den Text zu speichern, werden die Optionen *Übertragen* und *Speichern* gewählt. Danach muß ein Dateiname angegeben und die Option *Formatiert* mit *Nein* beantwortet werden. WORD speichert dann eine ASCII-Datei, die in SENTENCE eingelesen werden kann.

- WordPerfect 5.0

  Der Text wird nach allen oben angegebenen Regeln eingegeben. Hier kann fortlaufend geschrieben werden, denn WordPerfect kann beim Speichern der ASCII-Datei die Zeilen umbrechen. Am Ende werden die Optionen *DOS text file* und *SAVE* gewählt. Ein "DOS text file" ist eine ASCII-Datei, die in SENTENCE eingelesen werden kann.

Ähnliche Optionen haben praktisch alle Textverarbeitungssysteme, die in den jeweiligen Handbüchern beschrieben sind.

4.5 Fehlerkorrektur

Unabhängig von der Art der Datenerfassung wird ein Text im Normalfall immer Fehler aufweisen, seien es Fehler in der Rechtschreibung oder im formalen Aufbau. Je nach Umfang des Textes bzw. der Fehler, ist zu überlegen, in welchem Maße der Text bereinigt werden muß. Fehler im ID-Feld müssen <u>immer</u> korrigiert werden, weil sonst ein fehlerfreier Zugriff von TEXTPACK auf die Texteinheit nicht mehr möglich ist. Ein Schreibfehler, der z.B. einen doppelten Identifikator produziert, führt dazu, daß die beiden Texteinheiten nicht mehr unterscheidbar sind. Im übrigen gilt auch hier der Hinweis, daß sich der Aufwand immer an der Zielsetzung bzw. Auswertung orientieren muß. Wenn z.B. der Text mit Hilfe eines Diktionärs ausgewertet werden soll, das auf Ausgabedateien von TEXTPACK basiert, also automatisch erstellt wird, spielt es keine Rolle, wenn ein Wort in mehreren (falschen) Schreibweisen aufgeführt ist, solange sie der gleichen Kategorie angehören (siehe 5.2); die Auszählung würde alle Schreibweisen berücksichtigen.

Was in jedem Fall korrigiert werden muß, sind die Fehler, die nach dem SENTENCE-Lauf angezeigt werden. Will man den Korrekturaufwand auf das unbedingt notwendige Maß beschränken, kann der Text vor Beginn jeder Korrektur in SENTENCE eingelesen werden, entsprechend den in der Ausgabe genannten Fehlern in der Originaldatei korrigiert und anschließend nochmals in SENTENCE eingelesen werden. Mit dieser Methode würden Fehler der folgenden Art gefunden: nachgeordnete Identifikatoren fehlen, Identifikatoren ohne Text, Text und Identifikator auf einer Zeile, zu großer Umfang der kleinsten Einheit, nicht numerische Identifikatoren, doppelte Einheiten, soweit sie nicht hintereinander stehen usw.

Innerhalb von TEXTPACK gibt es eine weitere Möglichkeit, Rechtschreibfehler aufzuspüren, indem man sich mit FREQ eine alphabetisch sortierte Liste aller Wörter ausgeben läßt. Alle Unregelmäßigkeiten in der Schreibweise sind leicht erkennbar.
Effizienter sind natürlich Spelling-Programme (Rechtschreibprüfprogramme), die es zu Textverarbeitungsprogrammen gibt und teilweise sehr gut arbeiten. Die Effizienz läßt sich noch steigern, wenn das für das Prüfprogramm verwendete Diktionär um Wörter aus dem eigenen Arbeitsbereich zu ergänzen ist oder wenn fachspezifische Diktionäre zur Verfügung stehen.
Selbst wenn nach all diesen Bemühungen Fehler unentdeckt bleiben, ist immer noch zu fragen, welche Fehlerquote sich daraus ergibt; nicht selten handelt es sich um minimale Größen, die angesichts des Gesamttextes vernachlässigt werden können.

5 Kategorienschemata und Diktionäre

5.1 Begriffserläuterung

In der Inhaltsanalyse bezeichnet eine Kategorie ein theoretisches Konstrukt, das verschiedene Aussagen im Sinne von semantischen Äquivalenten zusammenfaßt. In der Sprache des Alltags gesprochen, ist es die Schublade, in die ähnliche oder vergleichbare Dinge gelegt werden. Mehrere Fächer, nach einem logischen Prinzip angeordnet, entsprechen einem Kategorienschema (die Begriffe Klassifikationsschema und Kategorienschema werden hier synonym verwendet). Dieses Kategorienschema kann unterschiedlich komplex sein. Die einfachste Form ist eine Liste verschiedener Begriffe, die alle auf einer Dimension liegen, z.B. die Namen bevorzugter Autofirmen. "Autofirma" ist die Dimension, und jeder "Name" ist eine Kategorie. In der Umfrage z.B. entsprechen Dimension und Kategorien den Fragen und Antwortvorgaben. Die Liste der Autofirmen ist das Kategorienschema (gleichzeitig aber auch eine Beispielliste).

Das Kategorienschema für die Berufsvercodung nach der Internationalen Standardklassifikation der Berufe (Statistisches Bundesamt 1971), genannt ISCO, ist z.B. differenzierter und systematischer. Es besteht nicht aus einer bloßen Aufzählung, sondern gliedert sich hierarchisch (nach dem Gesichtspunkt der Professionalisierung) in 7 Berufshauptgruppen (= Hauptkategorien), 85 Berufsuntergruppen (= Unterkategorien) und 285 Berufsgattungen (= Einzelkategorien). Jede Berufsgattung (und erst recht jede übergeordnete Ebene) kann durch eine Vielzahl von Berufsbezeichnungen und -beschreibungen repräsentiert werden. So ist z.B. in dem von ZUMA verwendeten Berufsdiktionär die Kategorie 451 (Verkäufer) durch 98 verschiedene Begriffe vertreten. Dies gilt in unterschiedlichem Umfang für jede der 285 Einzelkategorien, so daß z.Zt. insgesamt über 4400 Diktionärseinträge vorliegen. Diese Liste der 4400 Einträge wird Diktionär genannt (andere Autoren verwenden auch den Begriff Wörterbuch - beides benennt denselben Gegenstand). Ebenso kann aber schon bei der oben erwähnten Liste mit den Namen der bevorzugten Autofirmen von Diktionär gesprochen werden. Diktionär bezeichnet also die Gesamtheit von Einzelbegriffen, die jeweils bestimmten Kategorien zugeordnet sind, unabhängig von der Komplexität des zugrundeliegenden Kategorienschemas. Man könnte auch von einer Beispielliste für alle Kategorien sprechen.

5.2 Funktion des Diktionärs in der cui

Ziel einer Inhaltsanalyse ist es, die zur Beantwortung der Forschungsfrage notwendigen Merkmale in dem Untersuchungsgegenstand identifizierbar und zählbar zu machen. Die Operationalisierung ist dabei der Übersetzungsprozeß der abstrakten Idee in eine konkrete Erscheinung, das Bindeglied zwischen der Hypothese und den Daten, die Steuerung der

Erscheinung, das Bindeglied zwischen der Hypothese und den Daten, die Steuerung der Datenerhebung im Sinne des Untersuchungszieles. Bei der konventionellen Inhaltsanalyse geschieht diese Steuerung, indem dem Codierer Handlungsanweisungen in Form von Codierregeln, Kategorien, Definitionen, Indikatoren, Beispielen und Zuweisungen von Codes (Ziffern, die Kategorien repräsentieren) an die Hand gegeben werden. Ein Computer braucht derartige Handlungsanweisungen (programmtechnisch: Algorithmen) in einem viel extremeren Maße, denn Sprachverständnis und die Fähigkeit zu logischen Schlußfolgerungen oder Analogiebildungen können nicht vorausgesetzt werden. Dem erhöhten Aufwand in der Vorbereitungsphase stehen jedoch eine Reihe von Vorteilen gegenüber: Die absolut genaue Beschreibung der "Codierentscheidung" macht die cui leicht nachvollziehbar, eine notwendige Bedingung wissenschaftlichen Arbeitens, und ist in der konventionellen Inhaltsanalyse mit großem Aufwand verbunden. Gleichzeitig bedeutet dies eine nicht zu übertreffende Reliabilität, d.h. die Ergebnisse der Codierung sind immer die gleichen. Weiterhin läßt sich ein Diktionär ohne größere Mühe abändern, so daß es sich für Versuche oder Tests mehrerer Vercodungsvarianten besonders gut eignet, was bei der konventionellen Vercodungsmethode viel Zeit und Geld kosten würde.

In der Praxis der cui stellt sich das Codierregelwerk meist als eine Liste mit Codezuweisungen dar. Die Kategorie ist durch eine mehr oder weniger große Anzahl von Wörtern bzw. Wortketten definiert, Elemente, aus denen die Kategorie besteht und denen jeweils der gleiche Code zugewiesen ist. Auch für die konventionelle Inhaltsanalyse ist diese Definitionsform gebräuchlich.

5.3 Aufbau und Entwicklung

Die Kategorienbildung als die Voraussetzung für die Diktionärsentwicklung läßt sich wie bei der konventionellen Inhaltsanalyse in eine theoriegeleitete und eine empiriegeleitete Vorgehensweise einteilen (Früh 1981, S. 135ff), wobei die Praxis i.d.R. aus einer Mischung beider Methoden besteht. Theoriegeleitet (oder a priori) heißt, daß nur aufgrund von Literaturstudium und Überlegungen Kategorien gebildet werden, ohne daß das Textmaterial selbst berücksichtigt wird; dementsprechend meint der Begriff empiriegeleitet, daß versucht wird, das in Kategorien zu fassen, was im Text vorgefunden wird (eine Art logischer Gliederung der vorgefundenen Aussagen) (siehe 2.1.1).

In den meisten Untersuchungen lassen sich aus der Fragestellung selbst die grundlegenden Kategorien entwickeln. Für die Frage, ob sich eine Person, die sich selbst als eher links bzw. rechts eingestuft hat, auch bezüglich des Vokabulars unterscheidet, mit dem die linke bzw. rechte Position beschrieben wird, ergeben sich logischerweise die Kategorien linkes bzw. rechtes

Vokabular. Diese Kategorien gilt es anschließend zu definieren. In einem ersten empiriegeleiteten Schritt würde man sich zunächst die Antworten der linken und rechten Befragten anschauen, nachdem mit SUBSEL und der externen Variablen zur Selbsteinstufung ein "linker" und ein "rechter" Text erstellt und mit LISTSPLT ausgedruckt wurde (siehe 7.5.3 und 7.3.3). Bereits bei dieser ersten Durchsicht finden sich u.U. evidente Unterschiede. Genauere Erkenntnisse ergeben sich, wenn die neu gebildeten Textcorpora mit WORDCOMP verglichen werden (siehe 7.5.1). Soll jedes Wort oder der größte Teil der Worte codiert werden (etwa mit den Kategorien links, rechts, neutral), bietet es sich an, in FREQ mit der Option *Output a file of word forms* alle unterschiedlichen Wörter in dem Format eines Diktionärs in eine Ausgabedatei schreiben zu lassen (siehe 7.4.1.1). Die Einträge in dieser Ausgabedatei brauchen in einem weiteren Schritt nur noch mit Codeziffern für die jeweilige Kategorie (z.B. 001 für links, 002 für rechts und 003 für neutral) versehen bzw. gelöscht zu werden (wenn sie für die Untersuchung irrelevant sind). In diesem Beispiel liegen drei Kategorien vor, die jeweils durch all die Einzelworte definiert werden, die die gleiche Codeziffer besitzen, d.h. hier wird eine sogenannte Listendefinition verwendet. Anders ausgedrückt, es handelt sich um harte Indikatoren für die jeweilige Kategorie: immer dann, wenn der Indikatorbegriff im Text vorkommt, ist die entsprechende Kategorie zu vergeben, ohne daß nach Bedeutung oder Kontext gefragt werden müßte.

Im folgenden Beispiel für die Entwicklung eines Diktionärs (Geis 1988) ging es um die Vercodung von Antworten auf die Frage, welcher Branche der befragte Berufstätige angehört. Für die Branchencodierung lag eine Systematik mit 37 Kategorien vor; dazu gehörten z.B. folgende:

10   Elektrotechnik, Feinmechanik und Optik, Herstellung von EBM-Waren,
      Musikinstrumente, Sportgeräte, Spiel- und Schmuckwaren
11   Holz-, Papier- und Druckgewerbe
12   Leder-, Textil- und Bekleidungsgewerbe
13   Nahrungs- und Genußmittelgewerbe
23   Versicherungsgewerbe (einschließlich privater Lebens-/Krankenver-
      sicherung, ohne gesetzliche Sozialversicherung)
24   Gaststätten/Beherbergungsgewerbe (einschließlich Wohnheimbewirtschaftung)

Zunächst wurden aus dieser vorliegenden Liste - unabhängig von den Antworttexten, also theoriegeleitet - Begriffe extrahiert, die die jeweilige Branchenkategorie für sich allein hinreichend beschrieben; für die Kategorie 12 waren dies "Ledergewerbe", "Textilgewerbe", "Bekleidungsgewerbe" und für 24 "Gaststätten", "Beherbergungsgewerbe", "Wohnheimbewirtschaftung". Das ergab ca. 150 Stichworte, der Grundstock für das Diktionär. Dann wurden die Verschriftungstexte nach weiteren Begriffen durchgesehen, die als harte Indikatoren gelten konnten, d.h. deren alleinige Nennung ausreichte, um die Angabe einer bestimmten Kategorie zuzuordnen; so ergaben sich weitere 500 Stichworte. Mit diesem 650 Begriffe umfassenden Wörterbuch ließ sich eine erste maschinelle Vercodung durchführen; mehr als die Hälfte von knapp 10.000 Angaben konnte schon codiert werden. Die Durchsicht der Leftover-Liste

(Angaben, die nicht automatisch codiert werden konnten, siehe 7.5.2) erbrachte weitere 500 Stichworte. Die Kategoriendefinition bestand also darin, daß jede Kategorie durch eine Vielzahl von Einzelbegriffen, Beispielen, Indikatoren beschrieben wurde. Für die Kategorien 12 und 24 z.B. ergaben sich u.a. folgende Einträge:

```
012  -  AENDERUNGSCHNEIDEREI
012     GARDINENFABRIK
012  -  HUTMACHEREI
012  -  KOKOSWEBEREI
012  -  RAUCHWARENFABRIK
012     SCHUHFABRIKATION
012  -  STOFFDRUCKEREI
012  -  STRUMPFWARENFABRIK
012     TEXTILVERARBEITUNG
012  -  TEXTILWEBEREI
012     WAESCHEFABRIK
012     WOLLINDUSTRIE
024     BEHERBERGUNGSGEWERBE
024  -  GASTRONOMIEBETRIEB
024     GASTSTAETTENBEREICH
024     GASTSTAETTENGEWERBE
024     GASTWIRTSCHAFTSBRANCHE
024     HOTELBRANCHE
024     HOTELGEWERBE
024     IMBISSTUBE
024     PENSION
024  +  PRIVATES ALTENPFLEGEHEIM
024  -  RESTAURANT
024     TEXTILREINIGUNG
```

Je nachdem, wie der Text verschriftet wurde (siehe 4.3.1.1), muß auch im Diktionär auf Groß-/Kleinschreibung geachtet werden, d.h. u.U. muß jedes Wort zweimal aufgeführt werden (groß und klein beginnend).

Die Vergabe der Codes (Ziffer, die eine Kategorie repräsentiert), die im Diktionär rechtsbündig auf den Positionen 1 bis 3 stehen müssen, ist frei, jedoch auf drei Stellen begrenzt, so daß maximal 999 Kategorien möglich sind; der Übersicht wegen empfiehlt es sich, möglichst eine hierarchische Struktur zu wählen und darauf zu achten, daß auch später noch Ergänzungen sinnvoll einzugliedern sind.

Die Einträge sind nicht auf Einzelworte beschränkt: soweit die Zahl von 39 Zeichen nicht überschritten wird, kann der Diktionärseintrag auch aus mehreren Worten bestehen, Wortketten (Beispiel aus dem Branchendiktionär: "027 + AMT FUER STADTENTWICKLUNG"). Anstelle von mehreren Einzeleinträgen mit jeweils dem gleichen Wortanfang reicht es, nur die ersten

Zeichen in die Liste aufzunehmen. "011 - BUCHHAND" ist ein Diktionärseintrag, der für BUCHHANDEL, BUCHHANDLUNG und für alle Branchenangaben gilt, die mit "BUCHHAND" beginnen (zur Notationsweise siehe 3.4.1). Allerdings ist Vorsicht bei einer allzu großzügigen Verwendung von Wortanfängen angebracht, soweit man sich nicht absolut sicher ist, daß der Wortanfang mit *allen* nur möglichen Wortendungen als Diktionärseintrag gelten soll. Mit dem Wortanfang "POLIT" werden nicht nur "POLITIK", "POLITISCH", "POLITIKER" u.ä. erfaßt, sondern z.B. auch "POLITUR".

5.4 Validierung

Mit dem Vorliegen der ersten Fassung des Diktionärs beginnt das eigentliche Wechselspiel zwischen der theorie- und der empiriegeleiteten Vorgehensweise: Erprobung - Verbesserung - Erprobung. Es handelt sich um die Phase der Validierung, d.h. der Prüfung, inwieweit das Instrument "Diktionär" codiert, was es codieren soll. Ist das Diktionär eine adäquate Übersetzung des dahinterstehenden Kategorienschemas, was selbst valide sein muß?

Zur Validitätsprüfung bietet TEXTPACK mehrere Hilfsmittel:
KWIC (Keyword in context) listet alle Textstellen, in denen ein bestimmtes Wort (Keyword) vorkommt. Damit kann überprüft werden, ob der Eintrag des Diktionärs in seiner Bedeutung unmißverständlich ist oder, ob es Textzusammenhänge gibt, in denen das Wort im Sinne des Kategorienschemas nicht eindeutig ist, also nicht als Eintrag für das Diktionär taugt.
Mit der Option *Write Back* in TAGCODER ist eine unmittelbare Kontrolle der Codierung gegeben: Hinter oder anstelle des Wortes, das zu einer Codierung führt, erscheint im Text der vergebene Code, so daß jeweils im Zusammenhang geprüft werden kann, ob die Codierung richtig ist. Zeigt sich eine nicht korrekte Codierung, heißt das, daß der Eintrag des Diktionärs abgeändert werden muß.
Weiß man von vornherein, daß gewisse Einträge mehrdeutig oder nicht unproblematisch in der Anwendung sind, können diese auf der 6. Spalte im Diktionär markiert werden (siehe 3.4.1). Mit KWIC und der Option *Ambigous words only* lassen sich die interessierenden Textstellen herausschreiben.
Wenn man wissen will, welcher Diktionärseintrag in welcher Texteinheit wie oft verwendet wurde, steht in TAGCODER die Option *Print each dictionary entry which is used for coding* zur Verfügung. Damit läßt sich prüfen, inwieweit ein Diktionär überflüssigen Ballast enthält, der die Verarbeitungszeit nur erhöht, also Einträge, die nie oder sehr selten benutzt werden und die gestrichen oder mit anderen Kategorien zusammengefaßt werden können; je nach gewünschtem Aggregationsniveau kann die entsprechende *Code group* gewählt oder ein mit SUBSEL erstellter Teildatensatz verwendet werden.

Ist das Diktionär auf diese Art und Weise auf Gültigkeit überprüft worden, sollte ein präziser Validitätstest durchgeführt werden, der in der einfachsten Form in dem Vergleich einer korrekten Vercodung mit der des Computers besteht. Die korrekte Vercodung ist in der Regel das Ergebnis einer konventionell durchgeführten Inhaltsanalyse, das mehrfach auf Richtigkeit überprüft wurde. Das Verhältnis der richtigen Codes zu den insgesamt vergebenen Codes ergibt den Koeffizienten, der das Maß der Validität darstellt. In dem oben genannten Beispiel der Branchenvercodung lagen 6185 Codierungen vor, von denen 6051 übereinstimmten, also eine Übereinstimmung von .98 (6051/6185 = 0.98), was als sehr gutes Ergebnis gelten kann, zumal bei der konventionellen Vercodung mit wesentlich höheren Fehlerquoten gerechnet werden muß. Steht eine überprüfte Codierung nicht zur Verfügung, können Validitätsprüfungen angewandt werden, wie sie sonst in den Sozialwissenschaften üblich sind (Friedrichs 1973, S. 101ff).

5.5 Codierung mit Diktionären

Der eigentliche Codiervorgang innerhalb der cui ist einfach: Jedes Wort der Texteinheit wird mit allen Wörtern des Diktionärs verglichen. Findet sich eine Übereinstimmung, wird dieser Texteinheit der Code zugewiesen, mit dem der Diktionärseintrag auf den Spalten 1 bis 3 versehen ist. Dieser Vergleich wird im Gegensatz zur konventionellen Codierung, die immer mit einer gewissen Fehlerrate behaftet ist, mit der immer gleich guten (technischen) Genauigkeit durchgeführt, denn nicht Bedeutungen, sondern physiche Zeichen werden codiert; damit ist die cui in besonderer Weise für die Vercodungsaufgaben geeignet, bei denen eine Person durch die permanente Unterbeanspruchung ihrer intellektuellen Fähigkeit eher schlechte Codierleistung bringen würde. Zudem beträgt die Codierleistung (Umfang oder Zeit) der cui ein Mehrfaches im Vergleich zur konventionellen Codierung. Je nachdem, ob die Abfolge der Codes oder ihre Häufigkeiten von Interesse sind, wählt man den *VEC*- oder den *TAB*-Modus (siehe 7.5.2.1). In den meisten Fällen werden auch Einheiten auftreten, denen durch den Computer kein Code zugewiesen werden kann, sei es, daß der Text im Sinne des Untersuchungszieles tatsächlich irrelevant ist oder sei es, daß der vorliegende Sachverhalt nicht durch einfache Stichworte definierbar ist (weil es sich z.B. um eine ironische oder bildhafte Aussage handelt, deren Sinn nur durch Sprachkompetenz zu erschließen ist). Die Identifikatoren dieser nicht vercodeten Einheiten können in eine separate Datei abgelegt werden *(Write the IDs of uncodet units to a separated file)*. Über SUBSEL und LISTSPLT werden die zugehörigen Texte ausgewählt und gedruckt, so daß sie in konventioneller Weise von kompetenten Personen codiert werden können.

Der Umfang der durch das Programm vercodeten Fälle sagt zum einen etwas über die Effizienz oder Vollständigkeit des Diktionärs; darüber hinaus spielen aber auch andere Faktoren eine Rolle: Alle Schreibfehler im Text bzw. unterschiedliche Schreibweisen zu der des Diktionärs, soweit es sich um vercodungsrelevante Wörter handelt, schließen eine Codierung aus.

Andererseits ist an das Problem mit den Homographen (gleiche Schreibweise bei unterschiedlicher Bedeutung) und deiktischen Ausdrücken (Nennung von Personen oder Sachverhalte mit Pronomina oder Aussagen wie "oben Gesagtes" u.ä.) zu denken. Weiterhin werden Gegenstände, die eher abstrakten Bereichen zugerechnet werden oder nur durch komplexe Erläuterungen definierbar sind, über Diktionäre kaum hinreichend codierbar sein.

5.6 Pflege des Diktionärs

Der Aufwand für den Aufbau eines komplexen bzw. großen Diktionärs lohnt sich nur dann, wenn mit ein und demselben Diktionär entweder große Textmengen zu codieren sind oder kleinere Texte in regelmäßigen Abständen immer wieder. Um die Effizienz der cui zu steigern, sollte nach jeder Codierung überlegt werden, ob das Diktionär ergänzt werden kann oder ob etwa Einträge gestrichen werden müssen, da sie zu Fehler führten. Ersteres wird unterstützt durch die Leftover-Liste, letzteres bedeutet eine systematische Überprüfung der cui-Codierung, indem z.B. eine Stichprobe mit der Option *Write Back* in TAGCODER aufbereitet wird.

6 Statistische Analysen mit den TEXTPACK-Vercodungen

6.1 Allgemeines

Das Resultat einer TEXTPACK-Vercodung ist eine Datei, die Ziffern enthält (numerische Datei). Wie in Kapitel 7.5.2.1 beschrieben, stehen diese Ziffern entweder für die *Häufigkeit von Kategorien* oder die *Abfolge von Kategorien*. Damit bilden die Ziffern in der numerischen Datei den vercodeten Text entweder als Häufigkeitsstruktur von Kategorien oder als Abfolgestruktur von Kategorien ab. Die Genauigkeit der Abbildung hängt von zwei Bedingungen ab: erstens von der allgemeinen Beschränkung, daß Einwortvercodungen nur ein eingeschränktes Abbild eines Textes sein können, und zweitens von einer spezifischen Bedingung, nämlich der Komplexität des jeweiligen Kategorienschemas. Auswertungen dieser numerischen Abbildungen, insbesondere statistische Analysen, müssen die jeweiligen Abbildungseigenschaften berücksichtigen. In diesem Sinne sind TEXTPACK-Vercodungen vergleichbar mit allen anderen quantitativen Abbildungen bzw. Messungen in den Sozial- und Geisteswissenschaften und damit stehen auch alle dort gängigen statistischen Analyseverfahren für die Auswertung zur Verfügung. Im folgenden werden aus der großen Zahl möglicher Verfahren zwei beispielhaft vorgestellt, die einen weiten Bogen von einfachen Häufigkeitsbetrachtungen bis zur Modellierung eines Kausalzusammenhangs abdecken.

Der Übergang von TEXTPACK PC zu SPSS, SAS, NSD oder anderen Programmpaketen für statistische Analysen wird bei der Beschreibung der Prozedur TAGCODER (siehe 7.5.2.4) erläutert. Im folgenden wird davon ausgegangen, daß die numerischen Daten mit SPSS, SAS oder NSD ausgewertet werden.

6.2 Einzelne statistische Verfahren

6.2.1 Vergleich univariater Häufigkeiten

Eine der einfachsten Statistiken ist die Darstellung der Kategorienhäufigkeiten pro Zähleinheit, die sich gut graphisch zeigen lassen. In Abbildung 6.1 sind Kategorienhäufigkeiten aus Rüdiger Dohrendorfs Analyse der Frankfurter Allgemeinen Zeitung wiedergegeben (Dohrendorf 1990,

<u>Abb. 6.1:</u>   Univariate Analysen: Einfache Häufigkeiten von Kategorien
"Orte und Ortsbezug Ausland FAZ 1981/87"

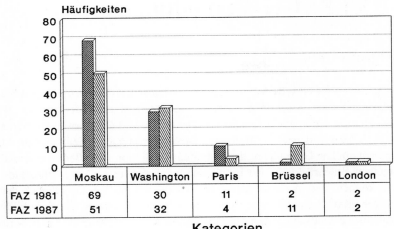

	Moskau	Washington	Paris	Brüssel	London
FAZ 1981	69	30	11	2	2
FAZ 1987	51	32	4	11	2

Kategorien

▨ FAZ 1981   ▧ FAZ 1987

nach Dohrendorf 1990, S. 145

<u>Abb. 6.2:</u>   Univariate Analysen: Prozentuierte Häufigkeiten von Kategorien
"Orte und Ortsbezug Ausland FAZ 1981/87"

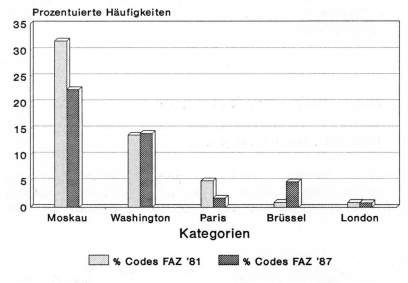

▨ % Codes FAZ '81   ▨ % Codes FAZ '87

nach Dohrendorf 1990, S. 145   n '81 ▪ 217   n '87 ▪ 226

S.145) und stellt die absoluten Häufigkeiten von Ortsnamen in den Leitglossen oder "Brüllern" auf Seite eins der FAZ (d.h. kurze Leitartikel auf Seite 1) dar.

Solche Kategorienhäufigkeiten an sich enthalten einen geringen Informationswert, sieht man einmal von der wichtigen Information ab, daß eine Kategorie in einem bestimmten Text auftritt oder nicht (Häufigkeit 0 oder mindestens 1), also in Dohrendorfs Beispiel, ob eine bestimmte Stadt des Auslandes genannt wird oder nicht. In der Tabelle Dohrendorfs zur Graphik fehlen z.B. Städte wie Ottawa oder Mexico City, woraus man auf den kognitiven Horizont der FAZ-Brüller der Jahre 1981 und 1987 schließen könnte: wenn die Hauptstädte die einzigen Indikatoren für die Nennung einer geographischen Region sind, dann waren damals Kanada und Mexiko als die beiden anderen großen Staaten Nord- und Mittelamerikas nicht im Blickwinkel dieser Textsorte. Eine weitere, theoretisch normative Frage wäre dann, warum dies nicht der Fall war und, ob es hätte der Fall sein sollen.

Sieht man von dem aus theoretisch normativer Sicht sehr wichtigen Fall der 0/1 Häufigkeiten ab, dann gewinnen in allen anderen Fällen Häufigkeiten nur durch den Vergleich verschiedener Texte an Informationswert. In obigem Beispiel werden zwei Erscheinungszeiträume als unterschiedliche Texte betrachtet und die unterschiedlichen Häufigkeiten miteinander verglichen. Betrachtet man die Graphik, dann fällt sofort auf, daß Moskau, Paris und Brüssel unterschiedlich oft gezählt wurden, Washington fast gleich häufig (30/32) und London gleich häufig auftraten. Jedoch, um statistisch abgesichert zu behaupten, daß Washington faktisch gleich häufig (30/32) und Moskau unterschiedlich häufig (69/51) genannt wurden, bedarf es weiterer Überlegungen. Im Falle von Dohrendorfs Text handelt es sich um zwei Stichproben von Texten. Es muß deshalb zuerst überlegt werden, wie und ob ein Stichprobenfehler angegeben werden kann (Sahner 1971). Um Häufigkeiten vergleichen zu können, müssen sie normalisiert oder standardisiert sein. Eines der gängigen Verfahren dazu ist die Prozentuierung. Bei einer Prozentuierung ist eine geeignete Basis auszuwählen. Bei der cui kommen vor allem zwei Prozentuierungsbasen in Betracht: einmal die Zahl aller Wörter eines Textes; diese Basis folgt der Überlegung, daß die absolute Häufigkeit von Wörtern (und in Folge auch von Kategorien), von der Länge eines Textes abhängig ist. Mit der Prozentuierungsbasis "Zahl der Wörter eines Textes" werden unterschiedliche Textlängen ausgeglichen, dabei wird unterstellt, daß zwischen den Kategorienhäufigkeiten und der Textlänge eine lineare Beziehung besteht. Ob diese Annahme zutrifft, ist für jeden Textkorpus neu zu überprüfen. Für das o.a. Beispiel wären das dann 49140 Wörter für 1981 und 55645 Wörter für 1987 - man sieht, daß im Vergleich dazu die Zahl der genannten ausländischen Städte unendlich klein ist (für Moskau wären das 1981 .041 % aller Wörter). Auch wenn man den Korpus um die Zahl der STOP-Wörter (siehe 7.2.2) verringerte, bliebe es bei extrem kleinen Werten, die unanschaulich und damit auch schlecht interpretierbar wären.

Eine zweite Prozentuierungsbasis wäre die Zahl aller vergebenen Codes einer Texteinheit. Die Begründung dafür ist, daß das Klassifikationsschema ein Abbild des für den Forscher relevanten

Teiles des Textes ist und dementsprechend die Anteile der verschiedenen Kategorien an diesem Abbild betrachtet werden.

Aber auch diese Prozentuierungsbasis kann in bestimmten Fällen wenig aussagekräftig sein, so bei Dohrendorf, wo die Oberkategorie "ausländische Städte" 1987 gerade 1.4% aller Codes ausmacht. Für einen Vergleich zwischen den Unterkategorien, d.h. hier Städtenamen, wäre deshalb die Zahl der Codes in der Kategorie "ausländische Städtenamen" (1981=217 und 1987=226) eine angemessene Prozentuierungsbasis. In Abbildung 6.2 sind die entsprechenden Werte abgetragen, und man sieht, daß die Verhältnisse den absoluten Häufigkeiten entsprechen. Auf der Basis dieser Graphik können dann in weiteren Schritten statistische Absicherungen bestimmter Aussagen, wie der Unterschiedlichkeit oder Gleichheit von Häufigkeiten, durchgeführt werden (Sahner 1971).

Festzuhalten ist, daß univariate Häufigkeiten bedeutsame Interpretationen auf der Ebene der 0/1 Nennungen (ist/ist nicht bzw. genannt/nicht genannt) und auf der Ebene des Vergleichs normierter Werte, wie z.B. Prozentwerten zulassen. Nicht trivial ist bei letzterem die Wahl einer geeigneten Normierungsbasis (Prozentuierungsbasis).

6.2.1 Multivariate Analysen

Univariate Analysen stoßen rasch an die Grenzen interpretatorischer Imagination der Forscher und auch der statistischen Absicherung komplexerer Aussagen, etwa von der Form: in Artikeln, in denen "Moskau" häufig als Indikator für "Ausland" auftritt, sind auch in der Regel Indikatoren für "Gewalt", "Ost-West-Beziehungen" und "Nicht weltoffene (parochiale) Einstellung" zu finden. Solche komplexe Fragestellungen erfordern die gleichzeitige Berücksichtigung mehrerer Variablen, die möglicherweise dazu noch unterschiedlichen logischen Dimensionen zuzurechnen sind. Daß man gewöhnlich solche komplexe Aussagen nicht mit "All"-Aussagen (für alle x gilt), sondern mit der Einschränkung "in der Regel" versieht, hat seinen Grund in dem einfachen Umstand, daß es auch in der Textanalyse faktisch keine empirisch nachweisbaren, eindeutige Gesetzmäßigkeiten gibt. Vielmehr hat man zu konstatieren, daß es immer eine Reihe von Fällen gibt, die nicht einem bestimmten Muster entsprechen. Deshalb ist das Hilfsmittel der logischen Typenbildung als Instrument für die cui weniger geeignet als statistische, auf mehr oder weniger wahrscheinliche Typen abzielende Verfahren.

Solche multivariate Verfahren kann man nach mehreren Gesichtspunkten ordnen oder nutzen. Hier seien zwei für die cui wichtige Gesichtspunkte hervorgehoben: erstens der Unterschied zwischen exploratorischer und konfirmatorischer Verwendung und zweitens die Anpassung an die Metrik von cui-Vercodungen.

<u>Abb. 6.3:</u> Multivariate Verfahren
Schemamodell kausaler Verknüpfungen ökonomischer Indikatoren mit Text-
kategorien

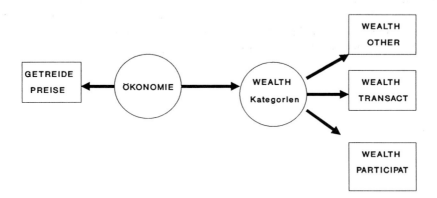

nach Weber 1985, S. 67

Unter exploratorischer Datenanalyse versteht man einen mustersuchenden Einsatz von Verfahren
wie der Clusteranalyse, der Faktoranalyse, der Multidimensionalen Skalierung, der Analyse
latenter Klassen (Latent Class) u.v.a.m. Dabei geht man von einfachen Hypothesen über die
Texte aus, so wie das H.P. Iker im o.a. Beispiel des Wizard of Oz tat. Er nahm eine genügend
große Redundanz des Textes auf der Ebene der Wörter an, die von rechnerisch gefundenen
Faktorenmustern auf den Inhalt des Buches zu schließen erlaubte (siehe 2.3.1).

Konfirmatorische Analysen setzen voraus, daß der Forscher schon ganz spezifische Hypothesen
über den Text hat, sich praktisch ein Modell des Textes gebaut hat. Mit konfirmatorischen
Verfahren kann man überprüfen, ob das spezielle Modell gut mit den empirischen Daten
übereinstimmt oder nicht. Robert P. Weber stellte in seinem Buch "Basic Content Analysis" ein
solches Textmodell vor (Weber 1985, S. 64ff). Seine Frage lautete, welcher Zusammenhang
besteht zwischen "tatsächlicher wirtschaftlicher Entwicklung" und der "Beschäftigung mit dem
Wohlergehen der Wirtschaft" in den Thronreden der deutschen Kaiser? Er stellte dazu folgendes,
vereinfacht dargestelltes Modell auf: immer wenn es der Wirtschaft gut geht, dann wird weniger
darüber in den Thronreden gesprochen werden. Um diese These empirisch zu bestätigen (to
confirm), nahm er die Entwicklung von Getreidepreisen als Indikator für die allgemeine

ökonomische Entwicklung im zweiten deutschen Kaiserreich und drei Kategorien des Lasswell-Value-Diktionärs, die "WEALTH/Reichtum" abbilden sollen. In Abbildung 6.3 ist dieses Modell stark vereinfacht wiedergegeben, insbesondere wurden technische Details weggelassen.

Mit Hilfe des Programms LISREL berechnete er die Übereinstimmung seines Indikatorenmodells mit vorliegenden Daten, d.h. Zeitreihen von Getreidepreisen und Kategorienhäufigkeiten der WEALTH-Kategorien. Er kam zu dem Ergebnis, daß die empirischen Daten das Modell nicht wiederlegen. Genauer gesagt, nach seinen Ergebnissen führte eine Erhöhung des Getreidepreises um 100 Reichsmark zu einer Vermehrung der Häufigkeiten von WEALTH-Kategorien um 4% und umgekehrt.

7 Prozeduren in TEXTPACK

7.1 Beispieltexte

- Thronreden

Bei den Thronreden handelt es sich um zumeist kürzere Ansprachen des deutschen Kaisers, die er zur Eröffnung der Parlamentssessionen hielt. Dieses Ereignis fand in der Regel einmal im Jahr statt und ist mit den "Speeches from the Throne" der britischen Monarchen vergleichbar, über die Robert P. Weber eine größere cui durchführte (Weber 1978; Namenwirth/Weber 1987). Eine kurze cui der deutschen Thronreden wurde von H.-D. Klingemann, R.P. Weber und P.Ph. Mohler durchgeführt (Klingemann et al. 1982). Die Texte wurden als Beispiel für einen längeren zusammenhängenden Text ausgewählt. Obwohl es sich um Reden handelt, sind sie Beispiele für geschriebene Sprache, da der Kaiser die Rede verlas und nicht im engeren Sinn des Wortes hielt. Hier wurde eine Rede ausgewählt, in der als wichtiges Thema die Kolonialfrage abgehandelt wird. Der erste Absatz dieser Rede lautet:

```
$1
Aufgerufen zur Entscheidung ueber einen Zwiespalt zwischen den verbuendeten
Regierungen und der Mehrheit des vorigen Reichstags hat das deutsche Volk
bekundet, dass es Ehr und Gut der Nation ohne kleinlichen Parteigeist treu
und fest gehuetet willen will. In solcher Buerger, Bauern und Arbeiter
einigenden Kraft des Nationalgefuehls ruhen des Vaterlands Geschicke wohl
geborgen. Wie ich alle verfassungsmaessigen Rechte und Befugnisse gewissenhaft
zu achten gewillt bin, so hege ich zu dem neuen Reichstage das Vertrauen, dass
er es als seine hoechste Pflicht erkennt, unsere Stellung unter den
Kulturvoelkern verstaendnisvoll und tatbereit zu bewahren und zu befestigen.
Ihre erste Aufgabe wird die Erledigung des Reichshaushalts fuer 1907, des
Nachtragskredits fuer Suedwestafrika und des Bahnbaus von Keetmanshop nach
Kubub sein. Diese Vorlagen gehen Ihnen sofort in der frueheren, nur
unwesentlich veraenderten Gestalt zu. Die schwere Krisis, die durch die
Aufstaende der Eingeborenen in Suedwestafrika und Ostafrika ueber diese
Schutzgebiete hereingebrochen war, ist ueberwunden. In Ostafrika ist der
Aufstand vollstaendig unterdrueckt. In Suedwestafrika sind die feindlichen
Staemme bis auf wenige Ueberreste unterworfen worden, sodass eine erhebliche
Verminderung der dort stehenden Schutztruppe aller Voraussicht nach moeglich
sein wird. Der Dank des Vaterlandes ist den Tapferen sicher, die in
jahrelangen schweren Kaempfen mit einem verschlagenen und hartnaeckigen
Gegner den Ruhm der deutschen Waffen hochgehalten haben.
```

Neben den offensichtlichen inhaltlichen Besonderheiten zeichnet ein anderes Merkmal dieses Beispiel aus: alle Umlaute sind umschrieben. Solche Umschreibungen findet man noch bei vielen Texten, die früher für die cui aufbereitet wurden, weil bis vor einigen Jahren für

Umlaute keine Standardisierung gegeben war. Auf PC's gibt es dagegen heute weitverbreitete Standards, wie z.B. den oben schon erwähnten ASCII.

• Umfragedaten

Die beiden offenen Fragen aus der Studie "Politische Ideologie II" von 1980 (van Deth/Jennings 1990) sind Nachfragen zum Thema "links-rechts" in der Politik. Nachdem Befragte sich auf einer Skala als eher links oder eher rechts eingestuft hatten, wurden sie gefragt, was sie unter den Begriffen "links" und "rechts" in der Politik verstünden. Die Interviewer notierten die Antworten zumeist als Stichwörter oder kurze, satzähnliche Gebilde, wie z.B. "die wollen die bestehenden Verhältnisse verändern; marxistische Tendenzen". Sie sind damit Beispiele für Texte mit erheblichen grammatischen Defekten, wie sie regelmäßig bei gesprochener Sprache, insbesondere bei Interviewmitschriften auftreten. Zusätzlich zu den Antworttexten werden in den Beispielen noch folgende Merkmale der Befragten berücksichtigt: Selbsteinstufung auf der "links-rechts"-Skala, Wahlabsicht 1980, Alter, Schulabschluß und Geschlecht. Diese Angaben sind in einer numerischen Datei gespeichert. Die beiden Fragen zu "links" und "rechts" lauteten: "Können Sie mir bitte nun noch sagen, was Sie persönlich unter den Begriffen "links" und "rechts" verstehen, wenn es um Politik geht? Bitte beschreiben Sie mir zunächst, was Sie unter dem Begriff "links" verstehen. Und nun zu "rechts". Was verstehen Sie unter diesem Begriff?" Die verschrifteten Antworttexte sehen z.B. wie folgt aus:

```
02021 05 Das sind die radikalen, KPD. Gruppen, die gegen die bestehende
          Regierung sind.
       06 Die Partei, die wir jetzt zur Zeit an der Regierung haben.
02042 05 Sind wohl die Sozis oder aus dieser Richtung.
       06 Vielleicht CSU und ihre Anhaenger.
02871 05 Die Linken beziehen sich in ihrer Politik mehr auf Soziales.
       06 CDU und CSU sind haerter in ihrem Kurs und Forscher. Hier spielt
          auch die Gunst des Politikers eine Rolle.
02881 05 Wenn sich jemand stark einer Parteiauffassung annaehert.
       06 Wenn sich jemand stark einer Parteiauffassung annaehert.
03813 05 Sitzverordnung im Bundestag, links SPD.
       06 Sitzverordnung im Bundestag, rechts CDU.
03817 05 Der Kommunismus, das System, das in der DDR herrscht.
       06 Der Nationalsozialismus, das Dritte Reich, Strauss.
```

In diesem Text bezeichnen die ersten fünf Ziffern die laufende Nummer des Befragten (ID1); die Ziffern 05 und 06 bezeichnen die Fragenummern (ID2, 05 für "links" und 06 für "rechts").

7.2 Optionen zum Filtern, zum Steuern der Druckausgabe und zur Dateispezifikation

In TEXTPACK gibt es eine Reihe von Optionen, die sich in vielen Prozeduren wiederholen. Um sie nicht bei jeder Prozedur ausführlich neu zu beschreiben, werden sie hier zusammengefaßt dargestellt. Bei den einzelnen Prozedurbeschreibungen ist jeweils nur ein kurzer Hinweis auf diese Optionen zu finden.

7.2.1 Auswahl von Texteinheiten: Filtern nach Identifikatoren

TEXTPACK erlaubt in allen Prozeduren die Auswahl von Untereinheiten des Textes. So sollen zum Beispiel nur Texte zu einer bestimmten Frage eines Interviews (aber für alle Befragte) analysiert oder bei Buchkapiteln nur das erste Kapitel berücksichtigt werden. Texteinheiten sind durch die Vergabe von Identifikatoren bei der Textvorbereitung festgelegt (siehe 4.1). Die Auswahl von Texteinheiten kann auf allen drei Identifikationsebenen erfolgen. Werden gleichzeitig auf mehreren Identifikationsebenen (z.B. ID1 und ID2) Einheiten ausgewählt, werden sie in hierarchischer Reihenfolge abgearbeitet: zunächst werden die Einheiten auf der Ebene von ID1, dann von ID2 und zuletzt von ID3 ausgewählt; z.B. seien durch ID1 Aufsätze und durch ID2 Absätze identifiziert, dann werden durch die Anweisung *ID1: 9-12* und *ID2: 2,5,7,8* die Aufsätze 9 bis 12 und von diesen Aufsätzen jeweils die Absätze 2, 5, 7 und 8 in die Analyse übernommen.

Die Werte für die Textauswahl können durch Komma und/oder Leerzeichen getrennt angegeben werden. Bereiche werden durch einen Bindestrich angezeigt. Wird für keine der drei Identifikationsebenen ein Wert angegeben, werden alle Texteinheiten in die Analyse einbezogen.

Sind die Identifikatoren nicht numerisch, bestehen sie also auch aus Buchstaben, dann ist die Auswahl von Texteinheiten mit der oben genannten Filterspezifikation nicht möglich; stattdessen muß die Auswahl von Texteinheiten mit Hilfe der Prozedur SUBSEL (siehe 7.5.3) erfolgen.

7.2.2 Filtern mit Hilfe von GO-/STOP-Listen

Während mit dem oben beschriebenen Filter die Auswahl von *Texteinheiten* möglich ist, kann mit Hilfe von GO-/STOP-Listen der Textbestand durch den Ausschluß oder das explizite Auswählen bestimmter *Wörter* reduziert werden.

Mit GO-Listen können die Wörter definiert werden, die in der weiteren Analyse berücksichtigt werden sollen (Positivliste), d.h. LISTSPLT übernimmt *nur* diese Wörter in die SPLIT-Datei und alle folgenden Prozeduren, die die SPLIT-Datei einlesen, bearbeiten auch nur diese Wörter. FREQ druckt z.B. nur Häufigkeiten für diese Auswahl.

Mit STOP-Listen können Wörter (in der Regel Satzzeichen, Artikel, Füllwörter) von der weiteren Analyse ausgeschlossen werden (Negativliste), d.h. LISTSPLT übernimmt sie *nicht* in die SPLIT-Datei, Referenzen werden in XREFF z.B. nur für alle anderen Wörter ausgegeben. Es kann jeweils nur entweder eine GO- *oder* eine STOP-Liste angegeben werden.

GO- oder STOP-Listen können entweder direkt als ASCII-Dateien gespeichert werden (siehe 3.4.1) oder interaktiv am Bildschirm eingegeben werden. Im Menü erscheint die Frage *If the GO/STOP words are in a separate file, filename (otherwise blank)*. Wird kein Dateiname angegeben, aber die Frage nach GO- oder STOP-Listen positiv beantwortet, fordert TEXTPACK im Anschluß an die Angabe aller Optionen zur Eingabe der Liste auf. Die interaktiv eingegebene Liste wird, wenn alle Einträge geschrieben sind und das Ende der Liste mit *F2* angezeigt wurde, immer als Datei gespeichert.

Die Prozeduren LISTSPLT, FREQ, XREFF und WORDCOMP erlauben GO- und STOP-Listen. Diese Listen können im jeweiligen Ergebnisausdruck auch protokolliert werden (Print GO/STOP words).

7.2.3 Formatieren der Druckausgabe

Die Zeilenbreite der Druckausgabe kann über die Option *Print forma*t gesteuert werden. Dabei kann festgelegt werden, ob die Ausgabe "SMALL", d.h. 70 Zeichen pro Zeile (DINA4), oder "STD", d.h. 132 Zeichen pro Zeile umfassen soll. Welche Druckbreite gewählt wird, ist im wesentlichen abhängig von den Möglichkeiten des zur Verfügung stehenden Druckers.

Zur besseren Dokumentation der Druckausgabe kann eine Überschrift (*TITLE*) angegeben werden, die bei jedem Seitenwechsel wiederholt wird.

7.2.4 Angabe von Dateinamen

In allen Prozeduren werden die Dateinamen und die dazugehörenden Suchpfade (*Dir*) der Ein- und teilweise auch der Ausgabedateien abgefragt. Die Dateinamen sind im Rahmen der DOS-Konventionen frei wählbar. Als Suchpfad kann auch ein Laufwerk angegeben werden. Voreinstellung ist der Pfad, von dem aus TEXTPACK gestartet wurde, es sei denn, im Hauptmenü wurde über *Define system parameters* ein anderer Pfad festgelegt. Sind die Textdateien immer in einem anderen Pfad gespeichert als in dem, unter dem gearbeitet wird, kann im Hauptmenü zunächst *Define system parameters* ausgewählt werden und dort unter *Data Directory* dieser Pfad angegeben werden. Immer wenn Dateien gelesen oder erzeugt werden, geschieht dies unter diesem Suchpfad. Dateinamen und die Pfadangabe für die SENTENCE- und SPLIT-Datei werden, solange TEXTPACK nicht beendet wird, von Prozedur zu Prozedur übernommen.

7.3 Textaufbereitung

7.3.1 SENTENCE

SENTENCE liest den zu analysierenden Text aus einer ASCII-Datei, formatiert ihn um und speichert ihn in einer SENTENCE-Datei. Diese SENTENCE-Datei ist die Grundlage für alle weiteren Analysen mit TEXTPACK und muß deshalb als erstes erstellt werden.

Die Textdatei muß in Texteinheiten unterteilt sein, die durch hierarchisch angeordnete Identifikatoren festgelegt werden (siehe 4.1). Innerhalb der niedrigsten Identifikationsebene darf die Texteinheit nicht mehr als 3985 Zeichen enthalten. SENTENCE bietet die Möglichkeit, Texteinheiten automatisch weiter zu unterteilen. Voraussetzung ist, daß höchstens die zwei oberen Identifikatoren (ID1 und/oder ID2) vergeben wurden. SENTENCE erzeugt dann die niedrigere Ebene (ID2 oder ID3). Zur automatischen Unterteilung müssen Zeichen, die das Ende einer Einheit festlegen, definiert werden. Das können zum Beispiel Satzzeichen sein, wenn der Text in Sätze als kleinste Einheit zerlegt werden soll. Hat man z.B. Texte eines Buches und als ID1 Kapitelnummern vergeben, können mit SENTENCE die Kapitel weiter in Sätze als unterste Identifikationsebene unterteilt werden. Bei der Eingabe in SENTENCE besteht die Möglichkeit, Texteinheiten aufgrund von Identifikationsnummern auszuwählen (siehe 7.2.1).

Eine weitere Hilfe bei der Generierung einer SENTENCE-Datei ist das Abtrennen eines Satz- oder Sonderzeichens vom vorangehenden Wort. Das ist aufgrund der TEXTPACK-Definition eines Wortes wichtig, denn in TEXTPACK wird ein Wort durch Leerzeichen begrenzt. Werden Satz- und Sonderzeichen nicht vom Wort abgetrennt, so wird z.B. *Arbeit,* als ein Wort behandelt (anstelle von zwei: *Arbeit* und ,). Alle Zeichen, die wie oben beschrieben, vom Wort abgesetzt, d.h. durch ein Leerzeichen getrennt werden sollen, können in einer Liste angegeben werden.

Der Bindestrich darf für die ID-Generierung und das Abtrennen vom Wort nicht verwendet werden. Er ist *ausschließlich* für die Trennung zugelassen (siehe 4.3.1.1).

Der Eingabetext kann in bis zu drei verschiedenen, getrennt erfaßten ASCII-Dateien vorliegen, die von SENTENCE zusammengefügt werden. Für die Dateierfassung kann zwischen drei verschiedenen Eingabeformaten gewählt werden (siehe 4.2). Wichtig ist bei der Eingabe, daß die Texte aufsteigend sortiert nach ihren Identifikatoren vorliegen. Einzige Ausnahme ist das Format 2 - dort kann SENTENCE selbst sortieren. Sollte die Eingabedatei nicht korrekt sortiert sein, muß bei der weiteren Verarbeitung mit Fehlern gerechnet werden. Wurde Format 1 oder 3 gewählt und damit eine automatische Sortierung ausgeschlossen, die Datei aber nicht nach Identifikatoren aufsteigend sortiert erfaßt, kann sie zunächst mit SENTENCE bearbeitet, danach mit REFORM wieder in eine ASCII-Datei ausgegeben werden (jetzt Format 2, siehe 4.2 und 7.6.1) und diese erneut in SENTENCE eingelesen und automatisch sortiert werden.

SENTENCE behält das Druckbild der Eingabedatei nicht bei. Wichtig ist vor allem, daß eventuelle Formatierungen im Text wie Einrücken, Absätze, etc. nicht übernommen werden. Der gesamte Text innerhalb der kleinsten Identifikationsebene wird in einer Zeile (Output Record) zusammengefaßt.

SENTENCE prüft beim Einlesen der ASCII-Datei auf formale Fehler, Fehler in der Transkription dagegen werden nicht erkannt. Formal fehlerhafte Texteinheiten (z.B. Einheiten mit ungültigen Identifikatoren) werden angezeigt und nicht in die SENTENCE-Datei übernommen. Sie können entweder in der Textdatei korrigiert werden, und danach kann SENTENCE mit der gesamten Datei wiederholt werden, oder sie können korrigiert und mit SENMERGE in die bestehende SENTENCE-Datei eingefügt werden.

7.3.1.1 Arbeiten mit SENTENCE

Nachdem im Hauptmenü SENTENCE ausgewählt wurde, erscheint das folgende Fenster, in dem die Optionen spezifiziert werden können:

```
    *****  T E X T P A C K  V  * * * * *   Program  SENTENCE  *****
    F1 help  F3 execute  F5 show directory  F8 DOS command

    **********************************************************************

    Name of the 1st input file: _____   Dir: C:\TXPKEX_____
    Name of the 2nd (if any):    _____   Dir: C:\TXPKEX_____
    Name of the 3rd (if any):    _____   Dir: C:\TXPKEX_____

    Name of the SENTENCE file: SEN.TMP_____   Dir: C:\TXPKEX_____

    Title: _____
    Input format: 1   Study number: _____    Are the ID's numeric: Y
    Maximum number of errors: _10
    Generation of ID2 or ID3: N
    Markers for the ID generation: ._!_?_____
    Characters to be separated from words:
    :_'_?_!_._.,_,_;_(_)_/_"_____

    Filter (values of ID1, ID2, ID3, separated by commas or blanks)
       ID1: _____
       ID2: _____
       ID3: _____
```

Für einige Optionen sind Voreinstellungen vorgesehen und erscheinen im Fenster (z.B. *Are the ID's numeric: Y*). Werden sie nicht verändert, arbeitet TEXTPACK mit diesen Angaben. Sie können aber bei Bedarf überschrieben werden.

Für die einzelnen Angaben gilt:

Name of the 1st input file, Dir
Angabe des Namens und des Suchpfades, unter dem die Text-Eingabedatei gespeichert ist.

Name of the 2nd input file, Name of the 3rd input file, Dir
Angabe der Namen und der Suchpfade, unter denen die zweite und dritte Text-Eingabedatei gespeichert sind (sofern vorhanden).

Name of the SENTENCE file, Dir
Angabe des Namens und des Suchpfades, unter dem die SENTENCE-Datei gespeichert werden soll.

Title
Überschriftszeile.

Input format
SENTENCE erlaubt drei verschiedene Formate (Format 1, 2 oder 3, siehe 4.2).

Study number
Zur Dokumentation der Textdatei kann eine 6-stellige Studienkennung vergeben werden.

Are the ID's numeric: (Y/N)
Die Identifikatoren können rein numerisch (Ziffern 0-9) oder auch alphanumerisch gewählt werden. Aufgrund der weiterreichenden Filteroptionen sind numerische Identifikatoren zu empfehlen (siehe 4.1).

Maximum number of errors
SENTENCE liest den Eingabetext ein, formatiert und überprüft ihn, bis die hier spezifizierte Zahl von formalen Fehlern entdeckt wurde, danach bricht die Prozedur mit einer entsprechenden Meldung ab.

Generation of ID2 or ID3: (Y/N)
Sind in der Textdatei nur ein oder zwei Identifikationsebenen vergeben, kann der Text innerhalb der kleinsten Identifikation in eine weitere Ebene unterteilt werden.

Markers for the ID generation
Wurde vorher angegeben, daß eine neue Identifikation zu generieren ist, können hier die Zeichen definiert werden, die eine Einheit begrenzen sollen.

Characters to be separated from words

Sollen Satz- oder Sonderzeichen durch ein Leerzeichen vom vorhergehenden Wort abgesetzt und als eigenes Wort behandelt werden, kann hier die Liste der Zeichen angegeben werden.

Filter (values of ID1, ID2, ID3, separated by commas or blanks)

Mit dieser Option können Einheiten ausgewählt werden, die in die SENTENCE-Datei übernommen werden sollen.

Abhängig vom gewählten Eingabeformat erscheint nun ein zweites Fenster, in dem die Eingabedatei genauer beschrieben werden muß. Wurde Format 1 gewählt, müssen folgende Angaben gemacht werden:

```
    *****  T E X T P A C K  V  * * * * *   Program  SENTENCE  *****
    F1 help F3 execute F5 show directory F7 store the setup F8 DOS command

    ********************************************************************

    Prefix for ID1: ___

    Prefix for ID2: ___

    Prefix for ID3: ___

    Position of the text field
     Start: ___          End: ___
```

Prefix for ID1, ID2, ID3

Hier werden die bis zu drei Zeichen langen Präfixes für ID1, ID2 und ID3 definiert (siehe 4.2).

Position of the text field

Anfangs- und Endposition des Textfeldes auf einer Eingabezeile.

Wurde Format 2 gewählt, werden folgende Angaben erwartet:

```
  *****  T E X T P A C K  V  * * * * *   Program  SENTENCE  *****
  F1 help F3 execute F5 show directory F7 store the setup F8 DOS command

  ***************************************************************************

  Position of the 1st identification
     Start: ___          Length: ___
  Position of the 2nd identification
     Start: ___          Length: ___
  Position of the 3rd identification
     Start: ___          Length: ___

  Position of the text field
     Start: ___          End: ___

  Position of the sequence number (if any)
     Start: ___          Length: ___

  Sort the input file: _
```

Position of the 1st identification, position of the 2nd identification, position of the 3rd identification

Anfangsposition und Breite der drei Identifikatoren in einer Eingabezeile. ID1 und ID2 dürfen maximal 6 Zeichen, ID3 5 Zeichen breit sein.

Position of the text field

Anfangs- und Endposition des Textfeldes auf einer Eingabezeile.

Position of the sequence number (if any)

Enthält die Datei eine Zeilennummer auf der Ebene der kleinsten Identifikation, muß hier die Anfangsposition und die Breite (maximal 5 Zeichen) angegeben werden.

Sort the input file: (Y/N)

Die Textdatei kann automatisch nach den Identifikatoren sortiert werden.

Wurde Format 3 gewählt, müssen folgende Angaben gemacht werden:

```
***** T E X T P A C K  V  * * * *  Program  SENTENCE  *****
F1 help F3 execute F5 show directory F7 store the setup F8 DOS command

*************************************************************************

Continuation sign used: _

Position of the 1st identification
   Start: ____          Length: ___
Position of the 2nd identification
   Start: ___           Length: ___
Position of the 3rd identification
   Start: ___           Length: ___

Position of the text field
   Start: ___           End: ___
```

Continuation sign used
Angabe des Zeichens, das Fortsetzungszeilen kennzeichnet.

Position of the 1st identification, position of the 2nd identification, position of the 3rd identification
Anfangsposition und Breite der drei Identifikatoren in einer Eingabezeile. ID1 und ID2 dürfen maximal 6 Zeichen, ID3 5 Zeichen breit sein.

Position of the text field
Anfangs- und Endposition des Textfeldes auf einer Eingabezeile.

7.3.1.2 Beispiel zu SENTENCE

Der Beispieltext der Thronreden (ausführlich ist er in Kapitel 7.1 beschrieben) wird in SENTENCE eingelesen. Das Eingabeformat ist Format 1 mit einer Identifikation (ID1), die das Präfix $ hat. Eine zweite Identifikation (ID2, Sätze) soll automatisch generiert werden. Zusätzlich sollen Satzzeichen vom vorangehenden Wort abgetrennt werden. Alle Eintragungen des Benutzers erscheinen in den Beispielen, zur Hervorhebung, jeweils in kursiver Schrift im Menü.

Der Eingabetext beginnt wie folgt:

$1
Aufgerufen zur Entscheidung ueber einen Zwiespalt zwischen den
verbuendeten Regierungen und der Mehrheit des vorigen Reichstags hat das
deutsche Volk bekundet, dass es Ehr und Gut der Nation ohne kleinlichen
Parteigeist treu und fest gehuetet willen will. In solcher Buerger, Bauern
und Arbeiter einigenden Kraft des Nationalgefuehls ruhen des Vaterlands
Geschicke wohl geborgen. Wie ich alle verfassungsmaessigen Rechte und
....

Die Angaben für SENTENCE im ersten und zweiten Fenster sind:

```
   *****  T E X T P A C K  V  * * * * *   Program  SENTENCE  *****
   F1 help  F3 execute  F5 show directory  F8 DOS command

   ***********************************************************************

   Name of the 1st input file: THRON.TXT  Dir: C:\TXPKEX_____
   Name of the 2nd (if any):   _____   Dir: C:\TXPKEX_____
   Name of the 3rd (if any):   _____   Dir: C:\TXPKEX_____


   Name of the SENTENCE file:  THRON.SEN   Dir: C:\TXPKEX_____

   Title: _____

   Input format: 1   Study number: _____    Are the ID's numeric: Y
   Maximum number of errors: _10
   Generation of ID2 or ID3: N
   Markers for the ID generation: ._!_?_____
   Characters to be separated from words:
   :_'_?_!_._,_;_(_)_/_"_____

   Filter (values of ID1, ID2, ID3, separated by commas or blanks)
      ID1: _____
      ID2: _____
      ID3: _____
```

und

```
*****  T E X T P A C K  V  * * * * *   Program  SENTENCE  *****
F1 help F3 execute F5 show directory F7 store the setup F8 DOS command

********************************************************************

   Prefix for ID1: $___

   Prefix for ID2: ___

   Prefix for ID3: ___

   Position of the text field
   Start: 1__   End: 80___
```

Die Druckausgabe von SENTENCE sieht dann wie folgt aus:

```
**********  T E X T P A C K  V  1 OCT  89   ROUTINE -SENTENCE-  **********

********************************************************************
*                                                                  *
*                                                                  *
*    TEXTPACK MANUAL ISBN 3-924220-01-8                            *
*       COPYRIGHT  ZUMA MANNHEIM, WEST GERMANY, 1986, 1990         *
*                                                                  *
*    OPT-TECH SORT SOFTWARE                                        *
*       COPYRIGHT  OPT-TECH DATA PROCESSING, ZEPHYR COVE, NEVADA 1983 *
*                                                                  *
*                                                                  *
********************************************************************


PARAMETERS SPECIFIED FOR THIS RUN:

OPTION FNIN='C:\TXPKEX\THRON.TXT',*
PHRASE MAXERR= 10,*
MARKER='. ! ?                    ' *
WORDS=':  ? ! . , ; ( ) / " '''' *
TITLE='                                        ' *
PRE1='$ ' TEXT=(1,80) *
FNSEN='C:\TXPKEX\THRON.SEN'

THE INPUT WILL BE ACCORDING OPTIONS PRE1
EACH IDENTIFICATION IS ON A SEPARATE RECORD
THE TEXT STARTS ON A NEW RECORD AT LOCATION   1 AND ENDS AT LOCATION   80
THE PREFIX FOR ID1 IS: $
THE IDENTIFICATIONS ARE IN        NUMERIC FORM
```

IN ADDITION TO THE USUAL TEXT STRUCTURING BASED ON IDENTIFICATION FIELDS
THE TEXT WILL BE FUTHER STRUCTURED ON THE BASIS OF THE FOLLOWING "PHRASE MARKERS":
! . ?
THE CHARACTERS !"' (),./:;?   WILL BE TREATED AS WORDS
PROCESSING WILL BE TERMINATED AFTER   10 ERRORS

NUMBER OF INPUT RECORDS: 159
NUMBER OF OUTPUT RECORDS: 76
NUMBER OF ERRORS DETECTED: 0

COMPLETE RUN -SENTENCE-

SENTENCE wiederholt zunächst die vom Anwender angeforderten Optionen im für die Prozedur erforderlichen Format (*OPTION* ....). Danach werden die ausgewählten Optionen beschrieben: *The input will be* .... Nach der Verarbeitung wird angegeben, wieviele Zeilen in der ASCII-Datei gespeichert waren (*159*), wieviele Texteinheiten von SENTENCE gespeichert wurden (*76*) und wieviele Fehler erkannt wurden.

7.3.1.3 Hinweise und Tips

Wichtig beim Arbeiten mit SENTENCE ist vor allem die korrekte Vergabe der Identifikatoren. Sie müssen unbedingt hierarchisch aufgebaut sein (siehe 4.1).

7.3.2 SENMERGE

Mit SENMERGE kann eine SENTENCE-Datei ergänzt und korrigiert werden. An die SENTENCE-Datei können neue Texteinheiten angefügt werden, fehlerhafte Einheiten können korrigiert oder gelöscht werden. Die Eingabe in SENMERGE ist immer eine aufsteigend nach Identifikatoren sortierte SENTENCE-Datei, die zu verändern ist. Die Korrekturen (neue, zu ersetzende oder zu löschende Einheiten) können ebenfalls in einer SENTENCE-Datei eingegeben werden oder als ASCII-Datei in einem fest vorgegebenen Format vorliegen. Die Eingabe einer ASCII-Datei empfiehlt sich allerdings nur bei sehr wenigen Korrekturen, da SENMERGE keine der aufwendigen Fehlerprüfungen wie SENTENCE durchführt. Im allgemeinen ist es sinnvoller, die Korrekturen zunächst in SENTENCE einzulesen, daraus eine SENTENCE-Datei zu erstellen und diese Datei in SENMERGE einzulesen. Zu ergänzende bzw. zu korrigierende Einheiten können entweder, wie unten beschrieben, vorbereitet oder in einem der drei in SENTENCE gültigen Formate aufbereitet werden. Sind Texteinheiten zu korrigieren, so muß jeweils der gesamte Text dieser Einheit eingegeben werden. Einzelne Zeichen oder Wörter können dagegen nicht ersetzt werden. Für zu löschende Einheiten werden die Identifikatoren angegeben. Als Text muß in der ersten Position des Textfeldes beginnend die Kennung *DELETE* oder eine andere frei festlegbare Kennzeichnung eingegeben werden.

Wie oben erwähnt, muß bei der Eingabe einer ASCII-Datei direkt in SENMERGE ein festes Format eingehalten werden. Die Datei muß, wie in der folgenden Tabelle beschrieben, aufgebaut werden.

Tab. 7.1: Format der Korrekturanweisungen

Position	Inhalt
1 - 6	ID1 (führende Nullen müssen immer angegeben werden)
7 - 12	ID2 (führende Nullen müssen immer angegeben werden)
13 - 17	ID3 (führende Nullen müssen immer angegeben werden)
20 - 80	Text der Einheit oder Kennzeichnung für das Löschen

Die Texteinheiten in der Korrekturdatei müssen ebenso wie die in der zu korrigierenden SENTENCE-Datei immer aufsteigend nach den drei Identifikationen angegeben werden.

7.3.2.1 Arbeiten mit SENMERGE

Nachdem im Hauptmenü SENMERGE ausgewählt wurde, erscheint das folgende Fenster, in dem die Optionen spezifiziert werden können:

```
***** T E X T P A C K  V * * * * *  Program  SENMERGE  *****
F1 help F3 execute F5 show directory F7 store the setup F8 DOS command

***********************************************************************

Name of the input file: SEN.TMP___   Dir: C:\TXPKEX_____

Name of the file with the corrections:
          Dir: C:\TXPKEX_____

Name of the output file: _____      Dir: C:\TXPKEX_____

File with the corrections is in SENTENCE format: Y

Are the identifications numeric: Y

Units to be deleted are identified with: *DELETE*____

Document all updates/deletions: N

Maximum number of errors allowed: _10
```

Für die einzelnen Angaben gilt:

Name of the input file, Dir

> Angabe des Namens und des Suchpfades, unter dem die SENTENCE-Datei gespeichert ist.

Name of the file with the corrections, Dir

> Angabe des Namens und des Suchpfades, unter dem die Datei mit den Korrekturen gespeichert ist.

Name of the output file, Dir

> Name und Suchpfad, unter dem die korrigierte SENTENCE-Datei gespeichert werden soll.

File with the corrections is in SENTENCE format: (Y/N)

> Hier muß angegeben werden, ob die Korrekturen als SENTENCE-Datei vorliegen oder in einer ASCII-Datei im oben beschriebenen Format gespeichert sind.

Are the identifications numeric: (Y/N)

Diese Option entspricht der Angabe bei SENTENCE. Die Identifikatoren sollten möglichst numerisch gespeichert sein (Ziffern 0-9), aber in manchen Fällen kann die Vergabe von nicht numerischen Identifikatoren nötig sein. Hat die zu korrigierende Datei nicht numerische Identifikationen, so muß auch für die Korrekturdatei diese Option positiv beantwortet werden. Hat die SENTENCE-Datei numerische Identifikationen, so darf die Korrekturdatei ebenfalls nur numerische Identifikationen enthalten. Diese Option muß für die Datei mit den Korrekturanweisungen nur angegeben werden, wenn es sich um eine ASCII-Datei handelt.

Units to be delete are identified with

Wie schon oben erwähnt, kann die Kennzeichnung *DELETE* für zu löschende Texteinheiten geändert werden. Mit dieser Option kann die neue Kennzeichnung vergeben werden.

Document all updates/deletions: (Y/N)

Alle geänderten oder gelöschten Identifikationen werden gedruckt.

Maximum number of errors allowed

Sollte SENMERGE in den Korrekturanweisungen Fehler finden, so wird die Verarbeitung nach der hier angegebenen Zahl von Fehlern abgebrochen.

7.3.2.2 Beispiel zu SENMERGE

Die SENTENCE-Datei *POL.SEN* soll verändert werden: eine Einheit ist zu löschen (Befragter 2881, Frage 5), Texte für zwei neue Befragte (1022 und 4918) sind anzufügen.

Die Eingabedatei mit den Korrekturen sieht wie folgt aus:

```
001022000005  Alles Radikale !
002881000005  *DELETE*
004918000006  Alles was zur CDU gehört .
004918000006  Rechts bedeutet fuer mich eine gemaessigte Politik.
004918000006  Starke Betonung nationaler Ziele, Ueberbetonung von
004918000006  Titeln, Beamtenhierarchie, religioeser Richtungen.
```

```
***** T E X T P A C K  V * * * * *  Program  SENMERGE  *****
F1 help F3 execute F5 show directory F7 store the setup F8 DOS command

*********************************************************************

Name of the input file: POL.SEN__    Dir: C:\TXPKEX_____

Name of the file with the corrections:
POL.COR_____   Dir: C:\TXPKEX_____

Name of the output file: POLNEU.COR Dir: C:\TXPKEX_____

File with the corrections is in SENTENCE format: N

Are the identifications numeric: Y

Units to be deleted are identified with: *DELETE*____

Document all updates/deletions: N

Maximum number of errors allowed: _10
```

Folgende Protokoll-Ausgabe erstellt SENMERGE:

```
**********  T E X T P A C K  V   1 OCT  89   ROUTINE -SENMERGE-  **********

*********************************************************************
*                                                                   *
*                                                                   *
*    TEXTPACK MANUAL ISBN 3-924220-01-8                             *
*       COPYRIGHT   ZUMA MANNHEIM, WEST GERMANY, 1986, 1990         *
*                                                                   *
*    OPT-TECH SORT SOFTWARE                                         *
*       COPYRIGHT  OPT-TECH DATA PROCESSING, ZEPHYR COVE, NEVADA 1983 *
*                                                                   *
*                                                                   *
*********************************************************************


PARAMETERS SPECIFIED FOR THIS RUN:

OPTION FNSEN='C:\TXPKEX\POL.SEN',*
FNCORR='C:\TXPKEX\POL.COR',*
FNNEW='C:\TXPKEX\POLNEU.COR',*
```

```
FORMAT=RAW DELETE='*DELETE*     ' MAXERR= 10
THE TEXT CORRECTIONS WILL BE INPUT IN RAW DATA FORMAT
THE IDENTIFICATIONS ARE IN       NUMERIC FORM
RECORDS TO BE DELETED WILL BE IDENTIFIED THROUGH THE USE OF THE COMPLETE
IDENTIFICATION FIELD(S) AND THE COMMAND *DELETE*     IN THE TEXT FIELD
PROCESSING WILL BE TERMINATED AFTER     10 ERRORS


NUMBER OF INPUT RECORDS:        85
NUMBER OF OUTPUT RECORDS:       86
NUMBER OF UPDATE RECORDS:        0
NUMBER OF DELETED RECORDS:       1
NUMBER OF ADDED RECORDS:         2


COMPLETE RUN -SENMERGE-
```

7.3.2.3 Hinweise und Tips

Die Korrekturdatei sollte möglichst immer in SENTENCE eingelesen und in eine SENTENCE-Datei umgewandelt werden. Diese Möglichkeit bietet zwei Vorteile: Zum einen können die Korrekturen in einem der drei Formate, die SENTENCE bietet, eingegeben werden und müssen nicht nach den festen Regeln von SENMERGE verschriftet werden, zum anderen hat SENTENCE mehr Möglichkeiten der Fehlerprüfung (z.B. ob die Datei aufsteigend sortiert ist) als SENMERGE.

7.3.3 LISTSPLT

LISTSPLT (LIST und SPLIT) erstellt aus einer SENTENCE-Datei eine Vertikaltextdatei (SPLIT-Datei). Diese Datei ist die Grundlage für das weitere Arbeiten mit den Prozeduren FREQ, XREFF, KWIC, WORDCOMP und TAGCODER, die alle diese SPLIT-Datei als Eingabe nutzen. Während die SENTENCE-Datei neben den Identifikatoren den Text in der Form

Das ist ein Beispiel

enthält, wird der Text in der Vertikaltextdatei in Einzelwörter zerlegt:

Das
ist
ein
Beispiel

Zu jedem Wort werden die Identifikatoren, dazu die Wortlänge und die Position des Wortes in der Ausgabedatei gespeichert.

Alle Satzzeichen, die vorher in SENTENCE vom vorhergehenden Wort abgetrennt wurden, werden als eigenständige Wörter behandelt (TEXTPACK-Definition: alles was zwischen zwei Leerzeichen bzw. zwischen Satzanfang und Leerzeichen oder Leerzeichen und Satzende steht, ist ein Wort). Wurden dagegen Satzzeichen nicht abgetrennt, bilden sie zusammen mit dem vorhergehenden Wort ein neues Wort. Das hat zur Konsequenz, daß z.B. "*Arbeit*" und "*Arbeit,*" als verschiedene Wörter angezeigt und behandelt werden.

Eine weitere Funktion von LISTSPLT ist das Drucken des Textes. Er kann in zwei verschiedenen Ausgabeformaten mit 70 oder mit 132 Druckpositionen pro Zeile ausgegeben werden. Man kann eine Überschrift vergeben, die auf jeder Seite wiederholt wird. Zu beachten ist, daß der Text in der vorher durch SENTENCE aufbereiteten Form gedruckt wird und nicht mehr im eingegebenen Format. Das kann unter zwei Gesichtspunkten zu Änderungen führen:

• Wurden in SENTENCE Zeichen angegeben, die vom vorhergehenden Wort abgetrennt werden sollten, so werden diese Zeichen vom Wort abgesetzt gedruckt.

• Formatierungen, die im Eingabetext vorhanden waren, z.B. Einrücken von Text, Zeilenumbruch oder Absätze, werden nicht beibehalten. Der gesamte Text, der zu einer Texteinheit gehört, wird hintereinander gedruckt. Nur der Beginn einer neuen Texteinheit - definiert durch eine neue Identifikation - bewirkt einen Absatz im Ausdruck.

LISTSPLT bietet zwei Möglichkeiten der Textreduktion: zum einen können Einheiten aufgrund von Identifikationsnummern ausgewählt werden, zum anderen können vom Anwender definierte

Wörter von der Analyse ausgeschlossen werden oder nur die in einer Liste definierten Wörter in die SPLIT-Datei übernommen werden. Die erste Filteroption bietet die Möglichkeit, bestimmte Texteinheiten auszuwählen (z.B. alle Texte zu Frage 5 oder nur die Kapitel 2, 5-6 und dort jeweils nur der erste Satz). Die zweite Filteroption gibt die Möglichkeit der Angabe von GO-/ STOP-Listen. Eine GO-Liste enthält alle die Wörter, die mit in die SPLIT-Datei übernommen werden sollen, eine STOP-Liste alle die Wörter, die nicht übernommen werden sollen. Während bei der ersten Option (Auswahl auf Identifikatorenebene) auch der Textausdruck beeinflußt wird, hat diese zweite Option keinen Einfluß auf den ausgedruckten Text. STOP-Listen können häufig sinnvoll eingesetzt werden, um z.B. Satzzeichen, Artikel, Füllwörter oder nicht untersuchungsrelevante Wörter von der weiteren Analyse, für die sie meist keine Bedeutung haben, auszuschließen. Durch GO- oder STOP-Listen kann die Textmenge in der SPLIT-Datei ohne Informationsverlust meist deutlich reduziert werden, was abgesehen vom Plattenspeicherplatz zu einer deutlich schnelleren Verarbeitung durch die nachfolgenden Prozeduren führt.

7.3.3.1 Arbeiten mit LISTSPLT

Nachdem im Hauptmenü LISTSPLT ausgewählt wurde, erscheint das folgende Fenster, in dem die Optionen spezifiziert werden können:

```
 *****  T E X T P A C K  V  * * * * *   Program  LISTSPLT  *****
 F1 help F3 execute F5 show directory F7 store the setup F8 DOS command

 ****************************************************************

 Name of the SENTENCE file: SEN.TMP_  Dir: C:\TXPKEX_____

 List the input SENTENCE file: N
 Title: _____
 Print format: SMALL

 Single word (SPLIT) output file: N
 Name of the SPLIT file: SPL.TMP__  Dir: C:\TXPKEX_____

 Filter (values of ID1, ID2, ID3, separated by commas or blanks)
    ID1: _____
    ID2: _____
    ID3: _____

 GO words (Y/N): N              STOP words (Y/N): N
   Print the GO/STOP words (Y/N): N
   If the GO/STOP words are in a separate file, filename (otherwise blank):
   _____           Dir: C:\TXPKEX_____
```

Für die einzelnen Angaben gilt:

Name of the SENTENCE file, Dir
   Angabe des Namens und des Suchpfades, unter dem die SENTENCE-Datei gespeichert ist.

List the input SENTENCE file: (Y/N)
   Der Text soll mit allen Identifikationsnummern (ID1, ID2, ID3) gedruckt werden. Wird er im selben Schritt auch in einen Vertikaltext zerlegt, so wird zu jeder Einheit außerdem die Zahl der Wörter, aus der sie besteht, gedruckt.

Title, Print format
   Steuerung der Druckausgabe.

Single word (SPLIT) output file: (Y/N)
   Der Text soll in einen Vertikaltext zerlegt und als SPLIT-Datei gespeichert werden. Dabei wird für jedes Wort eine neue Zeile in der Ausgabedatei erstellt, die neben dem Wort die Identifikatoren, die Wortlänge und die Position des Wortes im Satz enthält.

Name of that SPLIT file, Dir
   Name und Suchpfad der neu zu erstellenden SPLIT-Datei.

Filter (values of ID1, ID2, ID3, separated by commas or blanks)
   Mit dieser Option können Einheiten ausgewählt werden, die in die Analyse einbezogen werden sollen.

GO words: (Y/N), STOP words: (Y/N), Print the GO/STOP words: (Y/N)
   Definition und Drucken einer GO- oder STOP-Liste.

If the GO/STOP words are in a separate file, filename, Dir
   Angabe des Namens und des Suchpfades der Datei, in der die GO- bzw. STOP-Liste gespeichert ist (sofern vorhanden).

7.3.3.2 Beispiel zu LISTSPLT

In einem vorhergehenden Schritt wurde eine SENTENCE-Datei *THRON.SEN* erstellt. Nun soll der Text gedruckt und eine SPLIT-Datei für das weitere Arbeiten mit TEXTPACK erstellt werden. Um den Umfang der SPLIT-Datei zu begrenzen, wird eine Liste mit STOP-Wörtern (*THRON.STP*) definiert (in diesem Fall alle Satzzeichen und Artikel); die Druckausgabe bleibt davon unverändert. Die Angaben werden im Fenster eingetragen:

```
***** T E X T P A C K  V * * * *   Program LISTSPLT *****
F1 help F3 execute F5 show directory F7 store the setup F8 DOS command

********************************************************************

Name of the SENTENCE file: THRON.SEN   Dir: C:\TXPKEX_____

List the input SENTENCE file: Y
Title: Thronreden_____
Print format: SMALL

Single word (SPLIT) output file: Y
Name of the SPLIT file: THRON.SPL_    Dir: C:\TXPKEX_____

Filter (values of ID1, ID2, ID3, separated by commas or blanks)
   ID1: _____
   ID2: _____
   ID3: _____

GO words (Y/N): N                      STOP words (Y/N): Y
   Print the GO/STOP words (Y/N): N
   If the GO/STOP words are in a separate file, filename (otherwise blank):
   THRON.STP__                         Dir: C:\TXPKEX_____
```

Die Ausgabe von LISTSPLT sieht wie folgt aus:

```
********** T E X T P A C K  V   1 OCT  89   ROUTINE -LISTSPLT- **********

********************************************************************
*                                                                  *
*                                                                  *
*    TEXTPACK MANUAL ISBN 3-924220-01-8                            *
*       COPYRIGHT  ZUMA MANNHEIM, WEST GERMANY, 1986, 1990         *
*                                                                  *
*                                                                  *
*    OPT-TECH SORT SOFTWARE                                        *
*       COPYRIGHT  OPT-TECH DATA PROCESSING, ZEPHYR COVE, NEVADA 1983 *
*                                                                  *
*                                                                  *
********************************************************************


PARAMETERS SPECIFIED FOR THIS RUN:

OPTION FNSEN='C:\TXPKEX\THRON.SEN',*
LIST SPLIT FNSP='C:\TXPKEX\THRON.SPL' *
```

```
TITLE='Thronreden                                              ',*
 STOP ,FNDICT='C:\TXPKEX\THRON.STP'

CALLING OPT-TECH SORT .....
BACK FROM OPT-TECH SORT

THE INPUT FILE WILL      BE LISTED.
THE INPUT FILE WILL      BE SPLIT.
THE LISTING WILL BE PRINTED WITH 70 CHARACTERS PER LINE.


    *********  T E X T P A C K  V   1 OCT 89   ROUTINE -LISTSPLT- *********
PAGE      1 STUDY NR.:
            THRONREDEN


-ID1-   -ID2-   -ID3-   TOKENS T E X T------------------------------------

000001 000001           0039   Aufgerufen zur Entscheidung ueber einen
                               Zwiespalt zwischen den verbuendeten
                               Regierungen und der Mehrheit des vorigen
                               Reichstags hat das deutsche Volk bekundet
                               , dass es Ehr und Gut der Nation ohne
                               kleinlichen Parteigeist treu und fest
                               gehuetet willen will .
        000002          0018   In solcher Buerger , Bauern und Arbeiter
                               einigenden Kraft des Nationalgefuehls
                               ruhen des Vaterlands Geschicke wohl
                               geborgen .
        000003          0046   Wie ich alle verfassungsmaessigen Rechte
                               und Befugnisse gewissenhaft zu achten
                               gewillt bin , so hege ich zu dem neuen
                               Reichstage das Vertrauen , dass er es als
                               seine hoechste Pflicht erkennt , unsere
                               Stellung unter den Kulturvoelkern
                               verstaendnisvoll und tatbereit zu
                               bewahren und zu befestigen .
        000004          0024   Ihre erste Aufgabe wird die Erledigung
                               des Reichshaushalts fuer 1907 , des
                               Nachtragskredits fuer Suedwestafrika und
                               des Bahnbaus von Keetmanshop nach Kubub
                               sein .
        000005          0015   Diese Vorlagen gehen Ihnen sofort in der
                               frueheren , nur unwesentlich veraenderten
                               Gestalt zu .
        000006          0023   Die schwere Krisis , die durch die
                               Aufstaende der Eingeborenen in
                               Suedwestafrika und Ostafrika ueber diese
                               Schutzgebiete hereingebrochen war , ist
                               ueberwunden .
.........
.........
```

```
**********  T E X T P A C K   V   1 OCT 89   ROUTINE -LISTSPLT-  **********

NUMBER OF INPUT RECORDS:    76

NUMBER OF WORDS SELECTED:    1326

AVERAGE NUMBER OF WORDS/RECORD: 17.6800

COMPLETE RUN -LISTSPLT-
```

7.3.3.3 Hinweise und Tips

- Beim Erstellen einer SPLIT-Datei sollte möglichst immer mit einer GO- oder STOP-Liste gearbeitet werden. Informationsverluste gibt es im Normalfall bei der Angabe von STOP-Listen so gut wie keine, aber die Laufzeit der nachfolgenden, auf dieser Datei aufbauenden Routinen wird deutlich verringert: werden nur Satzzeichen und Artikel ausgeschlossen, kann das die Zeit bereits um bis zu 20% verringern.

- Werden GO- oder STOP-Listen in LISTSPLT verwendet, hat dies Konsequenzen für alle nachfolgenden Prozeduren: hier ausgeschlossene Wörter stehen auch in der weiteren Verarbeitung nicht mehr zur Verfügung. In der Prozedur KWIC, die den Kontext zu ausgewählten Wörtern ausgibt, werden alle Wörter des Kontexts gedruckt (auch die hier ausgeschlossenen, da die SENTENCE-Datei für den Kontext verwendet wird). Allerdings können die ausgeschlossenen Wörter keine Schlüsselwörter sein.

- Eine SPLIT-Datei selbst kann als Eingabedatei (Rohtextdatei) in SENTENCE verwendet werden. Das ist dann sinnvoll, wenn zum Beispiel die eingegebene Textdatei nicht nach Identifikatoren aufsteigend sortiert war (z.B. wenn Fragebögen in der Reihenfolge des Eingangs verschriftet wurden). Eine aufsteigende Sortierung der SENTENCE-Datei ist jedoch für Analysen mit TEXTPACK erforderlich. Mit dem Umweg über LISTSPLT ist eine nachträgliche Sortierung möglich. Beim Einlesen der SPLIT-Datei in SENTENCE muß das Format 2 gewählt werden, die Anfangspositionen und Längenangaben sind für ID1 1 und 6, für ID2 7 und 6, für ID3 13 und 5, der Text beginnt in Position 24 und endet in Position 62. Eine ausführliche Beschreibung des Aufbaus der SPLIT-Datei findet sich in Kapitel 3.4.1.

7.4 Textexploration

7.4.1 FREQ

Mit FREQ können Worthäufigkeiten ausgezählt und der type-token-ratio (TTR) berechnet werden, der das Verhältnis von unterschiedlichen Wörtern eines Textes zur Gesamtzahl der Wörter des Textes angibt.

Wie in den meisten TEXTPACK-Prozeduren können auch hier Texteinheiten ausgewählt werden (siehe 7.2.1). Zusätzlich kann die Textmenge begrenzt werden durch die Angabe einer GO-Liste, die alle Wörter enthält, für die die Häufigkeiten berechnet werden sollen, oder durch eine STOP-Liste, die alle Wörter enthält, die von der Zählung ausgenommen werden sollen. Schließlich bietet FREQ eine dritte Möglichkeit, den Umfang der Häufigkeitsliste zu reduzieren: durch die Angabe minimaler und/oder maximaler Häufigkeiten. Nur Wörter, deren Häufigkeit im angegebenen Bereich liegt, werden bei der Auszählung berücksichtigt. So kann man z.B. Wörter, die in einem Textbestand nur einmal auftreten, eliminieren. Ohne Angabe einer kleinsten und größten Häufigkeit werden die Wörter ohne Rücksicht auf die Häufigkeit ihres Vorkommens gezählt. Die Reduktion des Wortbestandes durch GO- oder STOP-Listen oder durch die Angabe minimaler oder maximaler Häufigkeiten hat keinerlei Einfluß auf die Berechnung des TTR. Die Berechnungsgrundlage dieses Koeffizienten ist immer der gesamte Textbestand.

Häufigkeiten können nicht nur für den gesamten Text, sondern auch für Untereinheiten berechnet werden (z.B. bei Umfragedaten Worthäufigkeiten für jede Frage getrennt). Die Untereinheiten können auf der Basis aller drei Identifikationsebenen festgelegt werden. Gleichzeitig können die höheren Identifikationsebenen bei der Unterteilung berücksichtigt werden. Zur Verdeutlichung soll das folgende Beispiel dienen. ID1 enthält die Befragtenkennung, ID2 die Fragenummer. Die Häufigkeiten können nun pro Frage angefordert werden (über alle Befragten). Die Angaben für FREQ sind: *Separate by ID: 2 Including higher ID's: N*. Bei 2000 Befragten mit je 10 Fragen würden 10 getrennte Häufigkeitstabellen (pro Frage eine) erstellt. Würde man im selben Beispiel *Separate by ID: 1* angeben, würde man pro Befragten eine Auszählung erhalten, die nicht mehr nach Fragen unterscheidet (2000 Tabellen). Würde man *Separate by ID: 2 Include higher ID's: Y* angeben, so würde man für jeden Befragten und jede Frage eine getrennte Tabelle erhalten (20000 Häufigkeitslisten). An diesem Beispiel wird deutlich, daß diese Option sehr vorsichtig einzusetzen ist.

Wird nur eine Häufigkeitsliste über den gesamten Text angefordert, kann diese verschieden sortiert ausgegeben werden: alphabetisch sortiert nach den Wörtern, auf- oder absteigend sortiert nach Häufigkeiten oder auch rückwärts nach den Wörtern sortiert (von rechts nach links).

Die Ausgabe kann durch eine Überschriftszeile dokumentiert werden. Sie kann *SMALL*, d.h. ein Wort pro Zeile oder *STD*, d.h. zwei Wörter pro Zeile (132 Druckpositionen), gedruckt werden.

Eingabe in FREQ ist eine SPLIT-Datei. Sollen die Häufigkeiten mehrmals, unterschiedlich sortiert ausgegeben werden, können sie in einer Datei gespeichert werden (frequency file). Diese Datei dient als Eingabe in FREQ und kann unterschiedlich sortiert gedruckt werden. Ist dies nicht erforderlich, so wird kein Dateiname angegeben, unter dem die Häufigkeiten abgespeichert werden. Die verschiedenen Wörter können optional für den späteren Aufbau eines Kategorienschemas in einer Datei abgelegt werden (*Output a file of word forms*). Eine Begrenzung durch die Angabe minimaler und/oder maximaler Häufigkeiten ist für diese Datei ebenfalls möglich.

7.4.1.1 Arbeiten mit FREQ

Nachdem im Hauptmenü FREQ ausgewählt wurde, erscheint das folgende Fenster, in dem die Optionen spezifiziert werden können:

```
***** T E X T P A C K  V  *****     Program  FREQ    *****
F1 help F3 execute F5 show directory F7 store the setup F8 DOS command

*************************************************************

Name of the SPLIT file: SPLIT.TMP_   Dir: C:\TXPKEX
Name of the frequency file: _____    Dir: C:\TXPKEX
Sort the input SPLIT file: Y      Sort order of the frequency list: _____
Separate by ID: _       including higher ID's: N
List frequencies: Y   Format of the output: SMALL  Type-Token-Ratio: N
List words with frequencies of at least _____ and not greater than _____
Title: _____
GO words (Y/N): N                    STOP words (Y/N): N
  Print the GO/STOP words (Y/N): N
  If the GO/STOP words are in a separate file, filename (otherwise blank):
                                     Dir: C:\TXPKEX
Filter (values of ID1, ID2, ID3, separated by commas or blanks)
  ID1: _____
  ID2: _____
  ID3: _____

Output a file of word forms: N
Name of that file: _____    Dir: C:\TXPKEX
```

Für die einzelnen Angaben gilt:

Name of the SPLIT file, Dir
  Angabe des Namens und des Suchpfades, unter dem die SPLIT-Datei gespeichert ist.

Name of the frequency file, Dir
  Name und Suchpfad der neu zu erstellenden Häufigkeitsdatei. Diese Option ist nur anzugeben, wenn die Häufigkeiten mehrmals, unterschiedlich sortiert gedruckt werden sollen.

Sort the input SPLIT file: (Y/N)
  Wird mehrmals hintereinander FREQ gestartet, kann die Sortierung ausgeschlossen werden. Achtung: Wurde oder wird mit Untereinheiten (*Separat*e) gearbeitet, so muß immer sortiert werden.

Sort order of the frequency list
  Wie oben erwähnt, kann die Häufigkeitsliste verschieden sortiert ausgegeben werden (nicht bei der Definition von Untereinheiten, *Separate*). Dabei sind folgende Optionen möglich:
  ALPHA Die Häufigkeitsliste wird alphabetisch nach Wörtern sortiert ausgegeben.
  UCASE Die Liste wird alphabetisch sortiert ausgegeben, dabei wird jedoch kein Unterschied zwischen Groß- und Kleinschreibung gemacht.
  AFREQ Die Häufigkeitstabelle wird aufsteigend nach Häufigkeiten ausgegeben, d.h. zuerst alle Wörter mit niedrigem Vorkommen, am Ende alle mit hohem Vorkommen.
  DFREQ Die Liste wird absteigend nach Häufigkeiten ausgegeben, d.h. zuerst alle Wörter mit hohem Vorkommen.
  BACK Die Wörter werden von rechts nach links sortiert ausgegeben (rückwärts).

Separate by ID
  Hier kann festgelegt werden, ob die Häufigkeitsliste nach Untereinheiten differenziert erstellt werden soll. Untereinheiten können durch die Identifikationsebenen festgelegt werden (1, 2 oder 3).

Including higher ID's: (Y/N)
  Wird diese Option bejaht, werden die höheren Identifikationsebenen zur Unterteilung hinzugezogen (siehe 7.4.1).

List frequencies: (Y/N)
  Die Häufigkeiten sollen ausgedruckt werden (siehe auch *Output a file of word forms*).

Format of the output
  Steuerung der Druckausgabe (*SMALL* oder *STD*).

Type-Token-Ratio: (Y/N)
Bei Beantwortung mit *Y* soll der TTR berechnet werden. Dies ist nicht möglich, wenn die Eingabedatei eine Häufigkeitsdatei ist, die in einem vorhergehenden Lauf erstellt wurde.

List words with frequencies of at least n and not greater than m
Es werden nur solche Wörter in die Häufigkeitsauszählung übernommen, deren Häufigkeit mindestens n und höchstens m ist. Ohne Angabe für n und m werden alle Wörter ausgezählt. Diese Option ist nur möglich, wenn die Eingabedatei eine SPLIT-Datei ist. Die Begrenzung gilt auch für beide (eventuell) zu erstellenden Ausgabedateien.

Title
Überschriftszeile über die Häufigkeitstabellen.

GO words: (Y/N), STOP words: (Y/N), Print the GO/STOP words: (Y/N)
Definition und Drucken einer GO- oder STOP-Liste.

If the GO/STOP words are in a separate file, filename, Dir
Angabe des Namens und des Suchpfades der Datei, in der die GO- bzw. STOP-Liste gespeichert ist (sofern vorhanden).

Filter (values of ID1, ID2, ID3, separated by commas or blanks)
Mit dieser Option können Einheiten ausgewählt werden, die in die Auszählung einbezogen werden sollen.

Output a file of word forms: (Y/N)
FREQ erlaubt die Ausgabe einer Datei aller verschiedenen Wörter. Diese Datei kann für den Aufbau eines Kategorienschemas verwendet werden. Die Wörter der Datei beginnen jeweils in Position 7 (Diktionär-Format). Achtung: wird eine Auszählung nach Untereinheiten angefordert, sollte diese Datei nie erzeugt werden. Im allgemeinen treten in diesem Fall die verschiedenen Wörter mehrfach auf (in jeweils verschiedenen Untereinheiten).

Name of that file, Dir
Name und Suchpfad für die Ausgabedatei der Wortformen.

7.4.1.2 Beispiel zu FREQ

Ausgezählt werden sollen die Worthäufigkeiten in der Datei der Thronrede und der dazugehörende TTR soll berechnet werden. Die Wörter, die weniger als dreimal bzw. 10mal und mehr (Füllwörter) auftreten, sollen unberücksichtigt bleiben. Die Liste soll sortiert nach Wörtern unabhängig von Groß-/Kleinschreibung gedruckt werden. Die Angaben werden im Fenster eingetragen:

```
      *****   T E X T P A C K   V  * * * * *   Program  FREQ     *****
      F1 help F3 execute F5 show directory F7 store the setup F8 DOS command


      *****************************************************************

      Name of the SPLIT file: THRON.SPL    Dir: C:\TXPKEX_____
      Name of the frequency file: _____   Dir: C:\TXPKEX_____
      Sort the input SPLIT file: Y      Sort order of the frequency list: UCASE
      Separate by ID: _        including higher ID's: N
      List frequencies: Y    Format of the output: SMALL   Type-Token-Ratio: Y
      List words with frequencies of at least 3____ and not greater than 9____
      Title: Häufigkeitsauszählung der Thronrede_____
      GO words (Y/N): N                   STOP words (Y/N): N
        Print the GO/STOP words (Y/N): N
        If the GO/STOP words are in a separate file, filename (otherwise blank):
        _____           Dir: C:\TXPKEX_____
      Filter (values of ID1, ID2, ID3, separated by commas or blanks)
        ID1: _____
        ID2: _____
        ID3: _____


      Output a file of word forms: N
      Name of that file: _____     Dir: C:\TXPKEX_____
```

Die Ausgabe von FREQ sieht wie folgt aus:

```
**********   T E X T P A C K   V    1 OCT  89    ROUTINE -FREQ-  **********

*****************************************************************************
*                                                                         *
*                                                                         *
*    TEXTPACK MANUAL ISBN 3-924220-01-8                                   *
*       COPYRIGHT  ZUMA MANNHEIM, WEST GERMANY, 1986, 1990                *
*                                                                         *
*    OPT-TECH SORT SOFTWARE                                               *
*       COPYRIGHT  OPT-TECH DATA PROCESSING, ZEPHYR COVE, NEVADA 1983     *
*                                                                         *
*                                                                         *
*****************************************************************************

PARAMETERS SPECIFIED FOR THIS RUN:

OPTION FNSP='C:\TXPKEX\THRON.SPL',*
MINI=3 MAXI=9 TTR  *
FNFREQ='C:\TXPKEX\FRX.TMP'
CALLING OPT-TECH SORT .....
BACK FROM OPT-TECH SORT
```

NO SEPARATE COUNT ON LEVEL OF AN ID
NO GO OR STOP WORDS DEFINED
THE TYPE-TOKEN RATIO WILL   BE COMPUTED
WORDS WILL BE EXCLUDED FROM OUTPUT WHEN THEIR FREQUENCY OF OCCURRENCE
IS LESS THAN   3
WORDS WILL BE EXCLUDED FROM OUTPUT WHEN THEIR FREQUENCY OF OCCURRENCE
EXCEEDS   9

STUDY NUMBER   N OF TYPES   N OF TOKENS   TTR
                      791   1326   0.597

NUMBER OF INPUT RECORDS: 1327
NUMBER OF OUTPUT RECORDS: 66
COMPLETE RUN -FREQ-

********** T E X T P A C K V   1 OCT 89   ROUTINE -FRELIST- **********

****
*   *
*   *
*   TEXTPACK MANUAL ISBN 3-924220-01-8   *
*   COPYRIGHT   ZUMA MANNHEIM, WEST GERMANY, 1986, 1990   *
*   *
*   OPT-TECH SORT SOFTWARE   *
*   COPYRIGHT OPT-TECH DATA PROCESSING, ZEPHYR COVE, NEVADA 1983 *
*   *
*   *
****

PARAMETERS SPECIFIED FOR THIS RUN:

OPTION FNFR='C:\TXPKEX\FRX.TMP' *
SORT=UCASE *
TITLE='Häufigkeitsauszählung der Thronrede
CALLING OPT-TECH SORT .....
BACK FROM OPT-TECH SORT
THE FREQUENCIES WILL   BE LISTED.

```
**********  T E X T P A C K   V    1 OCT  89    ROUTINE -FRELIST-  **********
PAGE    1
            HÄUFIGKEITSAUSZÄHLUNG DER THRONREDE
```

TOTAL #	--- W O R D ---
4	als
5	an
7	auch
7	auf
3	Aufgabe
3	aus
3	bei
3	Beziehungen
3	bis
5	deutschen
3	dieser
3	dieses
5	durch
3	entspricht
4	Entwicklung
3	Entwurf
3	erhalten
3	Es
7	es
3	freundliche
3	Friedens
3	Gesetz
4	haben
7	hat
3	Herren
3	Jahres
4	Kraft
3	letzten
3	Maechten
5	meine
4	nach
3	Nation
3	neu
3	neuen
7	nicht
4	Regierung
4	Regierungen
4	Reich
6	Reiche
4	Reichs

```
. . . . . . . . . . .
. . . . . . . . . . .
```

| 6 | zum |
| 3 | zwischen |

7.4.2 XREFF

Oft ist es hilfreich, neben Häufigkeitslisten und "Keyword-in-Context"-Ausgaben ein Verzeichnis zu haben, in dem die Fundstellen für alle Wörter aufgeführt sind (eine sogenannte Konkordanz). XREFF erstellt solche Konkordanzen und listet für jede Fundstelle eines Wortes die Identifikationsnummern und die Position des Wortes innerhalb der untersten Identifikationsebene (z.B. das 5. Wort im Satz). Mit Hilfe dieses Verzeichnisses können die Textstellen in einer mit LISTSPLT erstellten Gesamtliste sehr schnell lokalisiert werden.

Der Index kann durch die Auswahl von Texteinheiten und durch GO- oder STOP-Listen eingeschränkt werden. Vor allem GO- oder STOP-Listen sind empfehlenswert, da der zu erstellende Index ansonsten sehr groß werden kann. GO-Listen definieren alle Wörter, deren Fundstellen aufgezeigt werden sollen, STOP-Listen enthalten die Wörter, deren Fundstellen nicht interessieren.

Neben der Möglichkeit, eine Überschriftszeile festzulegen, stehen zwei unterschiedliche Druckformate zur Verfügung: *SMALL* und *STD*. XREFF druckt das Wort und daneben die Fundstelle in der Form ID1-ID2-ID3-Position. Dieses Format entspricht 70 Druckpositionen pro Zeile. Die Prozedur erlaubt jedoch auch eine komprimierte Ausgabe mit 132 Druckpositionen pro Zeile (STD). Hier werden bis zu drei Referenzen pro Zeile für jedes Wort gedruckt.

7.4.2.1 Arbeiten mit XREFF

Nachdem im Hauptmenü XREFF ausgewählt wurde, erscheint das unten angegebene Fenster, in dem die Optionen spezifiziert werden können:

Title
Überschriftszeile.

Name of the SPLIT file, Dir
Angabe des Namens und des Suchpfades, unter dem die SPLIT-Datei gespeichert ist.

Sort the input file: (Y/N)
Wenn mehrmals hintereinander XREFF aufgerufen wird, kann das erneute Sortieren unterdrückt werden.

Filter (values of ID1, ID2, ID3, separated by commas or blanks)
Mit dieser Option können Einheiten ausgewählt werden, die in die Analyse einbezogen werden sollen.

Print format

    Steuerung der Druckausgabe.

GO words: (Y/N), STOP words: (Y/N), Print the GO/STOP words: (Y/N)

    Definition und Drucken einer GO- oder STOP-Liste.

If the GO/STOP words are in a separate file, filename, Dir

    Angabe des Namens und des Suchpfades der Datei, in der die GO- bzw. STOP-Liste gespeichert ist (sofern vorhanden).

XREFF-Menü:

```
  ***** T E X T P A C K  V * * * * *   Program  XREFF    *****
  F1 help F3 execute F5 show directory F7 store the setup F8 DOS command

  **********************************************************************

  Title: _____

  Name of the SPLIT file: SPLIT.TMP_   Dir: C:\TXPKEX_____

  Sort the input file: Y

  Filter (values of ID1, ID2, ID3, separated by commas or blanks)
     ID1: _____
     ID2: _____
     ID3: _____

  Print format: SMALL

  GO words (Y/N): N                      STOP words (Y/N): N
     Print the GO/STOP words (Y/N): N
     If the GO/STOP words are in a separate file, filename (otherwise blank):
                               Dir: C:\TXPKEX_____
     _____
```

7.4.2.2 Beispiel zu XREFF

Textbasis sind die Antworten auf die Fragen nach der Bedeutung von "rechts" und "links" in der Studie "Politische Ideologie" (POL.SPL). Es soll ein Verzeichnis aller Textstellen, in denen Bezug auf eine Partei genommen wird, ausgegeben werden. Wenn man dieses unten gezeigte, von XREFF erstellte Verzeichnis der Parteien und vor allem ID2 genauer ansieht, fällt auf, daß bei Frage 5 (Was verstehen sie unter links?) fast nur Parteien aus dem "linken" Umfeld erscheinen, entsprechend zu Frage 6 nur aus dem "rechten" Umfeld.

Die Angaben werden im Fenster eingetragen:

```
***** T E X T P A C K  V * * * * *    Program  XREFF    *****
F1 help F3 execute F5 show directory F7 store the setup F8 DOS command

*********************************************************************

Title: Parteien im Zusammenhang mit links/rechts_____

Name of the SPLIT file: POL.SPL_     Dir: C:\TXPKEX_____

Sort the input file: Y

Filter (values of ID1, ID2, ID3, separated by commas or blanks)
   ID1: _____
   ID2: _____
   ID3: _____

Print format: SMALL

GO words (Y/N): Y                    STOP words (Y/N): N
   Print the GO/STOP words (Y/N): N
   If the GO/STOP words are in a separate file, filename (otherwise blank):
   POL.GO_____                     Dir: C:\TXPKEX_____
```

XREFF erstellt das folgende Verzeichnis:

```
**********   T E X T P A C K    V    1 OCT  89   ROUTINE -XREFF-  **********

**********************************************************************
*                                                                    *
*                                                                    *
*     TEXTPACK MANUAL ISBN 3-924220-01-8                             *
*        COPYRIGHT  ZUMA MANNHEIM, WEST GERMANY, 1986, 1990          *
*                                                                    *
*     OPT-TECH SORT SOFTWARE                                         *
*        COPYRIGHT  OPT-TECH DATA PROCESSING, ZEPHYR COVE, NEVADA 1983 *
*                                                                    *
*                                                                    *
**********************************************************************


PARAMETERS SPECIFIED FOR THIS RUN:

OPTION FNSP='C:\TXPKEX\POL.SPL',*
TITLE='Parteien in Zusammenhang mit links/rechts            ',*
FORMAT=SMALL GO *
FNDICT='C:\TXPKEX\POL.GO'
CALLING OPT-TECH SORT .....
BACK FROM OPT-TECH SORT
CALLING OPT-TECH SORT .....
BACK FROM OPT-TECH SORT


 **********   T E X T P A C K    V    1 OCT  89   ROUTINE -XREFF-  **********
PAGE   1 STUDY NUMBER:        PARTEIEN IN ZUSAMMENHANG MIT LINKS/RECHTS

---  W O R D  ---     R E F E R E N C E S  ...............
                      -ID1-  -ID2-  -ID3-  -P-

CDU                   002871-000006-      -0001
                      003813-000006-      -0006
                      007842-000006-      -0002
                      007851-000006-      -0006
                      008751-000006-      -0001
                      010171-000005-      -0012
                      010171-000006-      -0002
                      010935-000006-      -0011
                      012472-000006-      -0005
                      015951-000005-      -0010
                      015951-000006-      -0004
                      018825-000006-      -0007
                      022561-000006-      -0005

CSU                   002042-000006-      -0002
                      002871-000006-      -0003
```

```
              012472-000006-        -0007
              013471-000006-        -0001
              022561-000006-        -0007

DKP           004801-000005-        -0002
              019693-000005-        -0005
              022561-000005-        -0006

Jusos         010111-000005-        -0001

KPD           002021-000005-        -0006
              013471-000005-        -0001
              015171-000006-        -0008
              019693-000005-        -0003

NPD           014184-000006-        -0001
              019693-000005-        -0009
              019693-000006-        -0003
              021667-000006-        -0004

NSDAP         015171-000006-        -0006

SPD           003813-000005-        -0006
              007842-000005-        -0002
              007851-000005-        -0005
              008751-000005-        -0001
              010171-000005-        -0016
              010935-000005-        -0013
              012472-000005-        -0005
              015951-000005-        -0004
              015951-000006-        -0011
              018825-000005-        -0007
              022541-000005-        -0005
```

********** T E X T P A C K   V   1 OCT 89   ROUTINE -XREFF- **********

NUMBER OF INPUT RECORDS: 203
COMPLETE RUN -XREFF-

7.4.3 KWIC

KWIC stellt Wörter oder Wortketten, im folgenden Schlüsselwörter genannt, im Satzzusammenhang dar. Welche Schlüsselwörter aufgezeigt werden sollen, wird im allgemeinen durch ein Diktionär festgelegt (siehe 5). In diesem Diktionär können einzelne Wörter, Wortstämme und Wortketten definiert sein. Eine andere Möglichkeit der Wörterauswahl ist die Definition einer STOP-Liste, die alle Wörter enthält, deren Kontext *nicht* aufgelistet werden soll. Eine dritte Alternative ist das Darstellen *aller* Wörter im Satzzusammenhang. Dies ist jedoch nur dann sinnvoll, wenn die SPLIT-Datei schon vorher in LISTSPLT durch eine GO- oder STOP-Liste stark reduziert wurde.

Der darzustellende Kontext kann unterschiedlich definiert werden:

- Pro Schlüsselwort wird eine Zeile ausgegeben (Keyword-in-Context, KWIC). Diese enthält die Kategorie, die Identifikationen und ein Teilstück der Texteinheit. Die Schlüsselwörter werden jeweils in der Mitte der Zeile untereinander ausgerichtet. Vor dem Wort werden je nach Format (*SMALL* oder *STD*) 25 bzw. 45 Zeichen und ab dem Wort nochmals genausoviele Zeichen gedruckt (Tab. 7.2).

Tab. 7.2: KWIC-Zeilen

CAT	ID1	ID2		
001	000001	000004	agskredits fuer	Suedwestafrika und des Bahnbaus von K
001	000001	000006	Eingeborenen in	Suedwestafrika und Ostafrika ueber di
001	000001	000008	In	Suedwestafrika sind die feindlichen S
001	000001	000012	en Ansiedler in	Suedwestafrika von Neuem befasst werd
001	000002	000014	e Bahnbauten in	Suedwestafrika werden es ermoeglichen

- Pro Schlüsselwort wird, wie oben beschrieben, eine Zeile ausgegeben. Die Texteinheit wird jedoch *ohne* Identifikationen gedruckt (Tab. 7.3). Der dadurch gesparte Platz auf der Zeile wird für zusätzlichen Text der Einheit verwendet.

Tab. 7.3: KWIC-Zeilen ohne Identifikationen

CAT		
001	des Nachtragskredits fuer	Suedwestafrika und des Bahnbaus von Keetmanshop
001	aende der Eingeborenen in	Suedwestafrika und Ostafrika ueber diese Schutz
001	In	Suedwestafrika sind die feindlichen Staemme bis
001	eschaedigten Ansiedler in	Suedwestafrika von Neuem befasst werden .
001	Diese Bahnbauten in	Suedwestafrika werden es ermoeglichen , die Kop

• Pro Schlüsselwort wird die gesamte Texteinheit gedruckt. Das Schlüsselwort wird als Überschrift vor den Text gedruckt und im Text markiert, aber nicht ausgerichtet (Tab. 7.4).

<u>Tab. 7.4:</u> Keyword-out-of-Context mit der Texteinheit

CAT ID1   ID2   ID3

******************** Suedwestafrika

CAT	ID1	ID2	
001	000001	000004	Ihre erste Aufgabe wird die Erledigung des Reichshaushalts fuer 1907 , des Nachtragskredits fuer >>Suedwestafrika<< und des Bahnbaus von Keetmanshop nach Kubub sein .
001	000001	000006	Die schwere Krisis , die durch die Aufstaende der Eingeborenen in >>Suedwestafrika<< und Ostafrika ueber diese Schutzgebiete hereingebrochen war , ist ueberwunden .
001	000001	000008	In >>Suedwestafrika<< sind die feindlichen Staemme bis auf wenige Ueberreste unterworfen worden , sodass eine erhebliche Verminderung der dort stehenden Schutztruppe aller Voraussicht nach moeglich sein wird .
001	000001	000012	Wie mit dem Vorschlage , ein Kolonialamt zu errichten , so wird der Reichstag auch mit den Beihilfen fuer die schwer geschaedigten Ansiedler in >>Suedwestafrika<< von Neuem befasst werden .
001	000002	000014	Diese Bahnbauten in >>Suedwestafrika<< werden es ermoeglichen , die Kopfstaerke der im Schutzgebiete verwendeten Truppen weiter zu verringern .

• Pro Schlüsselwort wird die vorhergehende Texteinheit, die Einheit, in der das Wort auftritt, und die Einheit danach gedruckt (Tab. 7.5). Das Format entspricht dem oben beschriebenen.

<u>Tab. 7.5:</u> Keyword-out-of-Context mit den Einheiten davor und danach

CAT ID1   ID2   ID3

******************** Suedwestafrika

	ID1	ID2	
	000001	000003	Wie ich alle verfassungsmaessigen Rechte und Befugnisse gewissenhaft zu achten gewillt bin , so hege ich zu dem neuen Reichstage das Vertrauen ,

			dass er es als seine hoechste Pflicht erkennt ,
			unsere Stellung unter den Kulturvoelkern
			verstaendnisvoll und tatbereit zu bewahren und zu
			befestigen .
001	000001	000004	Ihre erste Aufgabe wird die Erledigung des
			Reichshaushalts fuer 1907 , des Nachtragskredits
			fuer >>Suedwestafrika<< und des Bahnbaus von
			Keetmanshop nach Kubub sein .
	000001	000005	Diese Vorlagen gehen Ihnen sofort in der frueheren ,
			nur unwesentlich veraenderten Gestalt zu .
	000001	000005	Diese Vorlagen gehen Ihnen sofort in der frueheren ,
			nur unwesentlich veraenderten Gestalt zu .
001	000001	000006	Die schwere Krisis , die durch die Aufstaende der
			Eingeborenen in >>Suedwestafrika<< und Ostafrika
			ueber diese Schutzgebiete hereingebrochen war , ist
			ueberwunden .
	000001	000007	In Ostafrika ist der Aufstand vollstaendig
			unterdrueckt .

....
....

Bei allen Ausgabeformaten kann eine Überschrift zur Beschreibung der Ausgabe vergeben und zwischen den Druckbreiten *SMALL* und *STD* gewählt werden.

KWIC erlaubt mehrfach vercodete Wörter, d.h. Wörter, die zu mehr als einer Kategorie gehören, zu überprüfen (*Ambiguous words only*). Per Option kann erreicht werden, daß nur der Kontext zu diesen Wörtern gelistet wird. Die Wörter müssen im Diktionär entsprechend gekennzeichnet sein (siehe 5.4 und 3.4.1).

Wird als Kontextumfang jeweils nur eine Zeile ausgegeben, so können diese in einer Datei gespeichert werden. Diese Zeilen (KWIC-Zeilen) können in einem späteren KWIC-Lauf wieder eingelesen und in einer neuen Sortierung ausgegeben werden. Im Normalfall werden die Zeilen nach den Wörtern im Diktionär sortiert. Werden jedoch KWIC-Zeilen eingelesen, können sie nach Identifikationen oder nach Kategoriennummern sortiert gelistet werden.

Außer bei der zuletzt beschriebenen Option liest KWIC eine SENTENCE-Datei und die dazugehörende SPLIT-Datei ein. Die SENTENCE-Datei muß dabei immer alle Texteinheiten enthalten, die in der SPLIT-Datei gespeichert sind.

7.4.3.1 Arbeiten mit KWIC

Nachdem im Hauptmenü KWIC ausgewählt wurde, erscheint das folgende Fenster, in dem die Optionen spezifiziert werden können:

```
***** T E X T P A C K  V  *****   Program KWIC   *****
F1 help F3 execute F5 show directory F7 store the setup F8 DOS command

****************************************************************

Name of the SENTENCE file: SEN.TMP_  Dir: C:\TXPKEX
Name of the SPLIT file: SPLIT.TMP_  Dir: C:\TXPKEX
Sort the input SPLIT file: Y
Type of the dictionary: DICT        Print the dictionary: N
Name of the dictionary (otherwise blank):
_____  Dir: C:\TXPKEX
Ambiguous words only: N      Format of the printed output: SMALL
Title: _____
Print keywords out of context: N    Number of units: 1
Print keywords in context without ID's: N
Store the KWIC lines in a file: N
  Name of that file: _____ Dir: C:\TXPKEX
Filter (values of ID1, ID2, ID3, separated by commas or blanks)
  ID1: _____
  ID2: _____
  ID3: _____
Read KWIC lines as input: N        Sort by: ____
  Name of that file: _____ Dir: C:\TXPKEX
```

Für die einzelnen Angaben gilt:

Name of the SENTENCE file, Dir

Angabe des Namens und des Suchpfades, unter dem die SENTENCE-Datei gespeichert ist.

Name of the SPLIT file, Dir

Angabe des Namens und des Suchpfades, unter dem die SPLIT-Datei gespeichert ist.

Sort the input SPLIT file: (Y/N)

Wird mehrmals hintereinander KWIC gestartet, kann die Sortierung ausgeschlossen werden.

Type of the dictionary

DICT sagt, daß ein TEXTPACK-Diktionär zur Verfügung steht, in dem alle Schlüsselwörter enthalten sind, die im Satzzusammenhang dargestellt werden sollen. *STOP* signalisiert das

Vorhandensein einer STOP-Liste, und *ALL* bedeutet, daß alle Wörter in der SPLIT-Datei im Satzzusammenhang dargestellt werden sollen.

Print the dictionary: (Y/N)
Zur Dokumentation soll das Diktionär gedruckt werden.

Name of the dictionary (otherwise blank), Dir
Angabe des Namens und des Suchpfades der Datei, in der die Schlüsselwörter oder die STOP-Wörter gespeichert sind (sofern vorhanden).

Ambiguous words only: (Y/N)
Nur im Diktionär als zu mehreren Kategorien gehörig gekennzeichnete Wörter werden berücksichtigt.

Format of the printed output
Steuerung der Druckausgabe (*SMALL* oder *STD*).

Title
Überschriftszeile.

Print keywords out of context: (Y/N)
Anstelle einer Zeile wird als Kontext die Texteinheit festgelegt.

Number of units
Ist die Texteinheit der Kontext, kann festgelegt werden, ob nur die Einheit, in der das Schlüsselwort vorkommt, gedruckt wird (1), oder ob auch die Einheit davor und die danach zusätzlich aufgelistet werden soll (3).

Print keywords in context without ID's: (Y/N)
Um für den Kontext im Falle von keyword-in-context mehr Platz auf der Zeile zu haben, ist es möglich, die Identifikationen zu unterdrücken.

Store the KWIC lines in a file: (Y/N)
Die KWIC-Zeilen können in einer Datei gespeichert werden.

Name of that file, Dir
Name und Suchpfad der zu erstellenden KWIC-Zeilendatei.

Filter (values of ID1, ID2, ID3, separated by commas or blanks)
Mit dieser Option können Einheiten ausgewählt werden, die in die Analyse einbezogen werden sollen.

Read KWIC lines as input: (Y/N)

Eingabe in KWIC sind vorher erstellte KWIC-Zeilen in einer Datei.

Sort by

Ist eine Datei mit KWIC-Zeilen Eingabe in KWIC, kann sie verschieden sortiert gedruckt werden:

WORD	alphabetisch sortiert nach dem Schlüsselwort;
ID1	aufsteigend sortiert nach ID1;
ID2	aufsteigend sortiert nach ID1 und ID2;
ID3	aufsteigend sortiert nach allen drei Identifikationen;
CAT	aufsteigend sortiert nach den Kategoriennummern.

Name of that file, Dir

Name und Suchpfad der einzulesenden KWIC-Zeilendatei.

7.4.3.2 Beispiel zu KWIC

Im Fenster werden die folgenden Angaben eingetragen:

```
*****  T E X T P A C K  V  * * * * *     Program  KWIC     *****
F1 help F3 execute F5 show directory F7 store the setup F8 DOS command

********************************************************************

Name of the SENTENCE file: POL.SEN_   Dir: C:\TXPKEX
Name of the SPLIT file: POL.SPL_      Dir: C:\TXPKEX
Sort the input SPLIT file: Y
Type of the dictionary: DICT           Print the dictionary: N
Name of the dictionary (otherwise blank):
POL.GO_____   Dir: C:\TXPKEX
Ambiguous words only: N        Format of the printed output: SMALL
Title: Drucken der Parteien im Satzzusammenhang
Print keywords out of context: N     Number of units: 1
Print keywords in context without ID's: N
Store the KWIC lines in a file: N
  Name of that file: _____   Dir: C:\TXPKEX
Filter (values of ID1, ID2, ID3, separated by commas or blanks)
  ID1: _____
  ID2: _____
  ID3: _____
Read KWIC lines as input: N          Sort by: ____
  Name of that file: _____  Dir: C:\TXPKEX
```

Textbasis sind hier die Antworten auf die Fragen nach der Bedeutung von rechts und links in der Studie "Politische Ideologie" (POL.SPL). Es sollen alle Textstellen gezeigt werden, in denen Bezug auf eine Partei genommen wird. KWIC erstellt dazu die folgende Ausgabe:

```
*********   T E X T P A C K   V    1 OCT  89    ROUTINE -KWIC-  *********

***************************************************************************
*                                                                       *
*                                                                       *
*                                                                       *
*      TEXTPACK MANUAL ISBN 3-924220-01-8                               *
*         COPYRIGHT  ZUMA MANNHEIM, WEST GERMANY, 1986, 1990            *
*                                                                       *
*      OPT-TECH SORT SOFTWARE                                           *
*         COPYRIGHT  OPT-TECH DATA PROCESSING, ZEPHYR COVE, NEVADA 1983 *
*                                                                       *
*                                                                       *
*                                                                       *
***************************************************************************


PARAMETERS SPECIFIED FOR THIS RUN:

OPTION TITLE='Drucken der Parteien im Satzzusammenhang                 '*
DICT KWIC *
FNDICT='C:\TXPKEX\POL.GO' *
FNSEN='C:\TXPKEX\POL.SEN' *
FNSP='C:\TXPKEX\POL.SPL'
CALLING OPT-TECH SORT TO SORT THE  DICT FILE .....
BACK FROM OPT-TECH SORT
CALLING OPT-TECH SORT TO SORT THE SPLIT FILE .....
BACK FROM OPT-TECH SORT
THE WORDS WILL BE DISPLAYED IN CONTEXT (KWIC)
THE INPUT KEYWORDS WILL NOT BE PRINTED

   *********   T E X T P A C K   V    1 OCT  89    ROUTINE  -KWIC-  *******
   PAGE    1            DRUCKEN DER PARTEIEN IM SATZZUSAMMENHANG

CAT  ID1     ID2     ID3

     002871  000006                          CDU und CSU sind haerter in ihrem Kur
     003813  000006    destag , rechts       CDU .
     007842  000006              Die         CDU .
     007851  000006    f Strauss , die       CDU .
     008751  000006                          CDU Leute .
     010171  000005    bin ja fuer die       CDU . Also die SPD , die neigt mir zu
     010171  000006              Die         CDU , wie soll ich mich da ausdruecke
     010935  000006    n der Mitte die       CDU .
     012472  000006    hts , schwarz ,       CDU , CSU .
     015951  000005    s , ist bei der       CDU rechts .
     015951  000006        Was bei der       CDU rechts ist , ist bei der SPD link
     018825  000006    Gegenteil , die       CDU .
```

022561	000006	Josef Strauss ,	CDU , CSU .
002042	000006	Vielleicht	CSU und ihre Anhaenger .
002871	000006	CDU und	CSU sind haerter in ihrem Kurs und Fo
012472	000006	schwarz , CDU ,	CSU .
013471	000006		CSU .
022561	000006	Strauss , CDU ,	CSU .
004801	000005	Die	DKP , Studenten des Spartakus mit dem
019693	000005	links KPD oder	DKP , ganz rechts NPD .
022561	000005	DDR Regierung ,	DKP .
010111	000005		Jusos und rote Kommunisten .
002021	000005	die radikalen ,	KPD . Gruppen , die gegen die bestehe
013471	000005		KPD .
015171	000006	lge der NSDAP ,	KPD .
019693	000005	Ganz links	KPD oder DKP , ganz rechts NPD .
014184	000006		NPD .
019693	000005	P , ganz rechts	NPD .
019693	000006	Ganz rechts	NPD .
021667	000006	Ganz rechts ist	NPD , nicht ganz so radikal wie die L
015171	000006	e Nachfolge der	NSDAP , KPD .
003813	000005	ndestag , links	SPD .
007842	000005	Die	SPD .
007851	000005	t Schmidt , die	SPD .
008751	000005		SPD Leute .
010171	000005	CDU ; also die	SPD , die neigt mir zu sehr zum Kommu
010935	000005	, zum Beispiel	SPD .
012472	000005	Links , rot ,	SPD .
015951	000005	Was bei der	SPD links , ist bei der CDU rechts .
015951	000006	t , ist bei der	SPD links .
018825	000005	die linken sind	SPD , radikale Gruppen nennt man Link
022541	000005	e Gruppen , zur	SPD hin orientiert .

COMPLETE RUN -KWIC-

7.4.3.3 Hinweise und Tips

- Vorsicht ist beim Arbeiten ohne Diktionär und ohne STOP-Liste geboten. Der Ausdruck kann sehr groß und sehr unübersichtlich werden. Dasselbe gilt für die Definition des Kontextes als jeweils drei Texteinheiten, wenn der Text pro Einheit sehr umfangreich ist.

- KWIC kann bei der Überprüfung von Kategorienschematas sehr hilfreich sein. In diesem Zusammenhang sei jedoch auch auf TAGCODER und die Möglichkeit, alle zur Vercodung führenden Diktionäreinträge auszugeben, verwiesen.

- Wörter, die 39 und mehr Zeichen haben, können nur mit Hilfe von Wortstämmen im Diktionär definiert werden, sonst werden sie im Diktionär nicht erkannt.

7.5 Textanalyse

7.5.1 WORDCOMP

Mit WORDCOMP können zwei Wortbestände miteinander vergleichen werden. Damit lassen sich Fragen beantworten wie z.B. "Unterscheidet sich das Vokabular zweier Texte?" oder "Enthält der zweite, neue Text Wörter, die im Kategorienschema nicht berücksichtigt sind?". Für die Eingabe in WORDCOMP müssen beide Dateien der zu vergleichenden Texte als SPLIT-Dateien oder als Ausgabedateien der Prozedur FREQ vorliegen. Die Prozedur erlaubt zwei verschiedene Ausgabeformate: alle Wörter der Texte mit Häufigkeiten und der absoluten Differenz der beiden Häufigkeiten oder nur die neu im zweiten Text vorkommenden Wörter mit ihren Häufigkeiten. Im folgenden soll der erste Text jeweils als *linker* Text, der zweite Text als *rechter* Text bezeichnet werden. Diese Reihenfolge entspricht auch dem Ausgabeformat von WORDCOMP. Werden nur die neuen Wörter ausgegeben, so sind dies die Wörter, die im rechten Text neu sind gegenüber dem linken.

Wie die meisten Prozeduren in TEXTPACK erlaubt WORDCOMP die Auswahl von Texteinheiten und die Angabe einer GO- oder STOP-Liste. Eine GO-Liste enthält alle Wörter, die verglichen werden sollen, eine STOP-Liste die Wörter, deren Vorkommen für die Untersuchung nicht relevant ist.

Die Ausgabe kann mit Überschriftszeilen über beiden Wortbeständen versehen werden. Sollen alle Wörter gedruckt werden, so wird die Ausgabe folgendermaßen aufgebaut: Unter der Überschrift F1 wird die Häufigkeit des Wortes im linken Text angegeben, danach folgt das Wort sowie unter der Überschrift F2 die Häufigkeit im zweiten Text und in der letzten Spalte die absolute Differenz der beiden Häufigkeiten. Fehlt ein Wort in einem der beiden Texte, wird dieses mit "------" unter der entsprechenden Überschrift angezeigt. Wurde angegeben, daß nur neue Wörter im rechten Text gelistet werden sollen, wird die Häufigkeit und das "neue" Wort nebeneinander angegeben. Die Breite der Ausgabe kann durch die Option *Print formats STD* oder *SMALL* gesteuert werden. Bei *SMALL* wird jeweils nur ein Wort pro Zeile gedruckt, *STD* druckt zwei Wörter mit allen Informationen nebeneinander (132 Druckpositionen).

Die neuen Wörter können in einer Datei gespeichert werden. Diese Datei kann zur Ergänzung eines bestehenden Kategorienschemas verwendet werden. Sie wird als ASCII-Datei gespeichert und kann mit jedem Textverarbeitungssystem weiterverarbeitet werden (z.B. zum Einfügen von Kategoriennummern).

7.5.1.1 Arbeiten mit WORDCOMP

Nachdem im Hauptmenü WORDCOMP ausgewählt wurde, erscheint das folgende Fenster, in dem die Optionen spezifiziert werden können:

```
*****  T E X T P A C K   V  *****    Program  WORDCOMP    *****
F1 help F3 execute F5 show directory F7 store the setup F8 DOS command

*********************************************************************

Name of the left input file: _____   Dir: C:\TXPKEX_____
Name of the right input file: _____   Dir: C:\TXPKEX_____
Are the files SPLIT files: Y      Sort the input files: Y
List only new words: Y            Print Format: SMALL
Left title: _____   Right title: _____

GO words (Y/N): N       STOP words (Y/N): N
Print the GO/STOP words (Y/N): N
If the GO/STOP words are in a separate file, filename (otherwise blank):
_____        Dir: C:\TXPKEX_____

Filter (values of ID1, ID2, ID3, separated by commas or blanks)
   ID1: _____
   ID2: _____
   ID3: _____

Output new words: N    Starting position of the word: __7
   Name of the output file: _____   Dir: C:\TXPKEX_____
```

Für die einzelnen Angaben gilt:

Name of left input file, Dir

Angabe des Namens und des Suchpfades, unter dem die erste, linke Datei gespeichert ist.

Name of right input file, Dir

Angabe des Namens und des Suchpfades, unter dem die zweite, rechte Datei gespeichert ist.

Are the files SPLIT files: (Y/N)

Es können SPLIT-Dateien oder Ausgabedateien der Prozedur FREQ eingelesen werden.

Sort the input file: (Y/N)

Wenn mehrmals hintereinander WORDCOMP gestartet wurde, kann hier die erneute Sortierung unterdrückt werden.

List only new words: (Y/N)

Es kann eine Liste aller Wörter beider Dateien angelegt werden oder eine Liste, die nur die Wörter enthält, die in der rechten Datei neu auftreten.

Print format

Steuerung der Druckausgabe.

Left title

Überschriftszeile für den linken Text.

Right title

Überschriftszeile für den rechten Text.

GO words: (Y/N), STOP words: (Y/N), Print the GO/STOP words: (Y/N)

Definition und Drucken einer GO- oder STOP-Liste.

If the GO/STOP words are in a separate file, filename, Dir

Angabe des Namens und des Suchpfades der Datei, in der die GO- bzw. STOP-Liste gespeichert ist (sofern vorhanden).

Filter (values of ID1, ID2, ID3, separated by commas or blanks)

Mit dieser Option können Einheiten ausgewählt werden, die in die Analyse einbezogen werden sollen.

Output new words: (Y/N)

Wird die Frage mit *Y* beantwortet, wird eine Datei erzeugt, die alle Wörter enthält, die in der rechten Datei neu vorkommen. Diese Datei kann zur Diktionärkonstruktion verwendet werden (siehe 5.3).

Starting position of the word

Die Anfangsposition der Wörter in der Ausgabedatei kann festgelegt werden. Sollen die Wörter für die Diktionärkonstruktion verwendet werden, sollten die Wörter ab Position 7 gespeichert werden (Voreinstellung).

Name of the output file, Dir

Name und Suchpfad, unter dem die Datei mit den "neuen" Wörtern gespeichert werden soll.

7.5.1.2 Beispiel zu WORDCOMP

Verglichen werden sollen die Textbestände zu den Fragen nach der Bedeutung von *links* (Frage 5) und von *rechts* (Frage 6). Wie unterscheidet sich die Beschreibung der beiden Einstufungen? Die beiden SPLIT-Dateien *LINKS.SPL und RECHTS.SPL* wurden mit LISTSPLT unter Angabe eines Filters auf der Basis von ID2 erzeugt. Die Angaben werden im Fenster eingetragen:

```
   *****  T E X T P A C K  V  * * * * *   Program  WORDCOMP    *****
   F1 help F3 execute F5 show directory F7 store the setup F8 DOS command

   ****************************************************************
   
   Name of the left input file: LINKS.SPL   Dir: C:\TXPKEX_____
   Name of the right input file: RECHTS.SPL Dir: C:\TXPKEX_____
   Are the files SPLIT files: Y    Sort the input files: Y
   List only new words: N          Print Format: SMALL
   Left title: links_____  Right title: rechts_____

   GO words (Y/N): N        STOP words (Y/N): N
     Print the GO/STOP words (Y/N): N
     If the GO/STOP words are in a separate file, filename (otherwise blank):
     _____          Dir: C:\TXPKEX_____

   Filter (values of ID1, ID2, ID3, separated by commas or blanks)
     ID1: _____
     ID2: _____
     ID3: _____

   Output new words: N    Starting position of the word: __7
     Name of the output file: _____  Dir: C:\TXPKEX_____
```

WORDCOMP erstellt die folgende Tabelle:

```
*********  T E X T P A C K  V  1 OCT  89   ROUTINE -WORDCOMP-  *********

****************************************************************
*                                                              *
*   TEXTPACK MANUAL ISBN 3-924220-01-8                         *
*      COPYRIGHT  ZUMA MANNHEIM, WEST GERMANY, 1986, 1990      *
*                                                              *
*   OPT-TECH SORT SOFTWARE                                     *
*      COPYRIGHT  OPT-TECH DATA PROCESSING, ZEPHYR COVE, NEVADA 1983  *
*                                                              *
****************************************************************
```

```
PARAMETERS SPECIFIED FOR THIS RUN:

OPTION FNBA='C:\TXPKEX\LINKS.SPL',*
FNCOMP='C:\TXPKEX\RECHTS.SPL',*
ALL LEFT='links                   ' *
RIGHT=' rechts                 '
ALL WORDS WILL BE PRINTED.
THE PRINTED OUTPUT WILL BE IN NARROWED FORMAT
NO GO/STOP WORDS DEFINED
INPUT ARE TWO SPLIT FILES.

CALLING OPT-TECH SORT .....
BACK FROM OPT-TECH SORT
STUDY NUMBER OF THE  LEFT FILE IS:
STUDY NUMBER OF THE RIGHT FILE IS:
```

```
**********   T E X T P A C K   V   1 OCT  89  ROUTINE  -WORDCOMP-  **********
PAGE     1
LINKS                                RECHTS
    F1          WORD                       F2   DIFF

     2          Abbau                  ------     2
  ------        Abhaengigkeit               1     1
  ------        Achtet                      1     1
  ------        Alles                       1     1
     1          Als                         1     0
  ------        Anerkennung                 1     1
  ------        Anhaenger                   1     1
  ------        Anstand                     1     1
     1          Arbeiterbewegung       ------     1
     1          Aufstaende             ------     1
     1          Aufteilung                  1     9
  ------        Beamtenhierarchie           1     1
     1          Begriff                ------     1
     3          Beispiel               ------     3
     1          Bereitschaft           ------     1
     1          Berufstaetigen         ------     1
  ------        Bestehenden                 1     1
  ------        Betonung                    1     1
     1          Bundestag                   1     0
     2          CDU                        11     9
  ------        CSU                         5     5
     1          Chancengleichheit      ------     1
     2          DDR                    ------     2
     3          DKP                    ------     3
     1          Da                     ------     1
     1          Demokraten             ------     1
  ------        Demokratie                  1     1
.............
...........
```

1	sogenannte	------	1
------	soll	1	1
------	sollte	1	1
------	sonst	1	1
1	sozialen	------	1
1	soziales	------	1
------	spielt	1	
1	sprechen	------	1
1	stark	1	0
1	stiften	------	1
------	tun	1	1
7	und	10	3
1	uns	------	1
1	unseren	------	1
1	unter	1	0
------	verbunden	1	1
1	verstehe	1	0
1	verteilt	------	1
1	vertreten	1	0
1	verwenden	------	1
------	vom	1	1
4	von	4	0
1	waere	------	1
1	war	------	1
1	was	1	0
1	weitesten	------	1
------	wie	3	3
------	wir	2	2
1	wird	------	1
1	wohl	------	1
1	wollen	1	0
1	wuerde	1	0
------	wuerden	1	1
3	zu	2	1
5	zum	------	5
1	zur	------	1

********** T E X T P A C K   V   1 OCT 89 ROUTINE -WORDCOMP- **********

NUMBER OF INPUT RECORDS IN THE LEFT FILE: 316
NUMBER OF INPUT RECORDS IN THE RIGHT FILE: 271

COMPLETE RUN -WORDCOMP-

7.5.2 TAGCODER

TAGCODER vercodet einen Text auf der Basis eines vom Anwender vorgegebenen inhaltsanalytischen Diktionärs (Kategorienschema). Dieses Diktionär kann einzelne Wörter, Wortketten und Wortanfänge mit den dazugehörenden Kategoriennummern enthalten (siehe 5.3). Für die Vercodung können Zähleinheiten festgelegt werden, die über die Identifikationsebenen definiert werden. Hat man z.B. Umfragetexte, bei denen die ID1 für Befragtennummern und ID2 für Fragenummern stehen und die kleinste Identifikationsebene (ID3) der Satz ist, wird in der Regel die Frage (ID2) als Zähleinheit gewählt.

Zunächst wird der Text einer Zähleinheit (eine oder mehrere Texteinheiten) mit den Einträgen im Diktionär verglichen. Wird ein Wort, eine Wortkette oder ein Wortanfang aus dem Diktionär im Text gefunden, wird die dazugehörende Kategoriennummer der Zähleinheit zugewiesen. Dabei kann in einer Zähleinheit eine Kategorie mehrfach vergeben werden, wenn z.B. dasselbe Wort mehrfach oder Wörter, die der gleichen Kategorie angehören, im Text der Zähleinheit vorkommen. Ein Wort kann aber auch mehreren Kategorien angehören (siehe 5 und 7.4.3). Die Kategorien werden in der Reihenfolge ihres Vorkommens der Zähleinheit zugeordnet. Die aus der Vercodung resultierende numerische Datei enthält pro Zähleinheit eine Zeile. Einheiten, denen kein Code zugewiesen wurde, können wahlweise in die Ausgabedatei übernommen werden. Treten bei der Vercodung Probleme auf (z.B. sind mehr Kategorien für eine Einheit vorhanden, wie per Option zugelassen wurden), wird eine Warnung gedruckt. Wird die vorgegebene Zahl von Warnungen erreicht, wird die Vercodung mit einer entsprechenden Meldung abgebrochen.

TAGCODER erlaubt bei der Erstellung der numerischen Datei zwei verschiedene Vercodungsformen. Zusätzlich bietet die Prozedur verschiedene Verfahren zur Validierung eines Kategorienschemas (siehe 5.4).

Eingabe in TAGCODER sind: eine SENTENCE-Datei, eine SPLIT-Datei und ein Diktionär. Wie in allen TEXTPACK-Prozeduren können auch in TAGCODER Texteinheiten für die Vercodung ausgewählt werden.

7.5.2.1 Vercodungsformen

TAGCODER erlaubt zwei verschiedene Vercodungen: Ausgabe der Häufigkeiten der Kategorien oder die Kategorienabfolge pro Zähleinheit. Im ersten Fall enthält die Datei (*TAB*-Datei) pro Kategorie die Häufigkeit ihres Vorkommens in der Zähleinheit. Der für die Vercodung gültige Bereich der Kategoriennummern kann eingeschränkt werden, so daß die Ausgabedatei nur für diesen Kategorienbereich Häufigkeiten enthält. Der maximal mögliche Bereich umfaßt die Kategorien 1 bis 999. Sind aber z.B. nur die Kategoriennummern 100 bis 120 im Diktionär verwendet worden, kann der Bereich entsprechend eingeschränkt werden. Genauso kann die

Breite der einzelnen Häufigkeitsfelder in der Ausgabedatei festgelegt werden. Hat man z.B. nur kleine Zähleinheiten wird in der Regel eine Position pro Kategorie ausreichen (Häufigkeiten bis 9 können gezählt werden). Bei großen Zähleinheiten und vielen Diktionärseinträgen können aber bis zu 6 Stellen pro Kategorie vorgesehen werden (maximale Häufigkeit ist 999 999).

Eine Zeile der numerischen *TAB*-Datei ist wie folgt aufgebaut:

- Konstante: soweit angegeben wird sie in die Positionen 1 und 2 gespeichert;
- Identifikationen (je nach Definition der Zähleinheit): ist die Zählebene ID1 wird nur ID1 gespeichert, ist die Ebene ID2 wird ID1 und ID2 ausgegeben, und ist die Ebene ID3 werden alle drei Identifikationen gespeichert;
- Studienkennung, die in der SENTENCE-Datei gespeichert ist;
- Zahl der Wörter in der Zähleinheit (9-stellig): der Zähler kann 999 999 999 Wörter erfassen, enthält die Einheit mehr, wird eine Warnung gedruckt, die Verarbeitung jedoch fortgesetzt;
- Zahl der in dieser Zähleinheit vergebenen Codes (6-stellig);
- Häufigkeiten: in der spezifizierten Breite der Häufigkeitsfelder werden hier pro Kategorie die Häufigkeiten angegeben (siehe Codeplan zur Vercodung in der Druckausgabe).

Die zweite Möglichkeit ist die Ausgabe der Kategorien in der Reihenfolge ihres Auftretens (*VEC*-Datei). Diese Form der Ausgabe ist vergleichbar mit Mehrfachnennungen bei Umfragedaten. Wieviele Codes pro Zähleinheit gespeichert werden sollen, kann festgelegt werden. Maximal können es 1200 Codes sein. Der Aufbau der Zeilen der *VEC*-Datei entspricht in den ersten 5 Feldern dem der *TAB*-Datei. Dann folgt anstelle der Häufigkeiten eine Liste der vergebenen Kategoriennummern. Diese Kategoriennummern sind immer dreistellig und in der Reihenfolge des Auftretens der Kategorien.

In der Ausgabe von TAGCODER für numerische Dateien findet sich eine Dateibeschreibung der Vercodungsdaten.

Zu beiden numerischen Dateien kann für die Weiterverarbeitung mit einem Statistikprogramm ein Setup für SPSS/PC+, SPSS-X, SAS oder SIR mit den Kommandos zur Datenbeschreibung ausgegeben werden, das im entsprechenden System zum Einlesen der Daten verwendet werden kann (siehe 6 und 7.5.2.4).

7.5.2.2   Validierung eines Kategorienschemas mit TAGCODER

Neben der Prozedur KWIC (siehe 7.4.3) stellt auch TAGCODER drei Optionen zur Validierung eines Kategorienschemas zur Verfügung. Die zugewiesenen Kategoriennummern können in den Text eingetragen werden: erstellt wird eine neue SENTENCE-Datei, die entweder anstelle des Wortes (oder der Wortkette oder des Wortanfangs) den vergebenen Code enthält oder anschließend an das Wort diesen Code enthält. Um die Kategoriennummern eindeutig von

Textwörtern zu unterscheiden, kann ein bis zu zwei Zeichen langes Präfix vergeben werden. Diese Kennung wird unmittelbar vor eine Kategoriennummer geschrieben. Ist das Präfix z.B. ** und die Kategorie 001, erscheint im Text **001. Die neu erstellte SENTENCE-Datei kann mit LISTSPLT gedruckt werden. Wurden in LISTSPLT STOP-Wörter spezifiziert und so die SPLIT-Datei reduziert, erscheinen die dort angegebenen Wörter *nicht* in der neuen SENTENCE-Datei!

Eine weitere Möglichkeit der Überprüfung eines Kategorienschemas ist eine Tabelle, die für jede Zähleinheit die verwendeten Einträge des Diktionärs enthält und die dazugehörenden Häufigkeiten. Bei dieser Option wird keine Vercodung durchgeführt. Dieses Verfahren ist allerdings nur für eine kleinere Auswahl von Zähleinheiten zu empfehlen.

TAGCODER erlaubt die Ausgabe der Identifikationen aller Zähleinheiten, denen keine einzige Kategorie zugewiesen wurde (Leftover-Liste). Diese Datei kann zusammen mit der SENTENCE-Datei in die Prozedur SUBSEL eingelesen werde, um eine Datei aller nicht-vercodeter Textstellen zu erhalten.

7.5.2.3 Arbeiten mit TAGCODER

Nachdem im Hauptmenü TAGCODER ausgewählt wurde, erscheint ein Fenster, in dem die folgenden Optionen spezifiziert werden können:

Name of the SENTENCE file, Dir
> Angabe des Namens und des Suchpfades, unter dem die SENTENCE-Datei gespeichert ist.

Name of the SPLIT file, Dir
> Angabe des Namens und des Suchpfades, unter dem die SPLIT-Datei gespeichert ist.

Name of the output file, Dir
> Angabe des Namens und des Suchpfades, unter dem die Ausgabedatei (numerische *TAB*- oder *VEC*-Datei oder SENTENCE-Datei) gespeichert werden soll.

Sort the input SPLIT file: (Y/N)
> Wird mehrmals hintereinander TAGCODER gestartet, kann die Sortierung ausgeschlossen werden.

Code group
> Festlegung der Identifikationsebene, auf der vercodet werden soll (Zähleinheit). Die Vercodungsebene kann ID1, ID2 oder ID3 sein.

Type of coding

TAB heißt, daß Kategorienhäufigkeiten in der Ausgabedatei gespeichert werden sollen; *VEC* heißt, daß die zur Vercodung führenden Kategorien in der Datei gespeichert werden. Erfolgt für *Type of coding* keine Angabe, kann zur Überprüfung der Validität des Diktionärs entweder eine Textdatei mit den eingefügten Kategorien oder eine Liste der zur Vercodung führenden Diktionärseinträge erstellt werden (siehe unten).

Write back

Anstelle einer numerischen Datei soll eine SENTENCE-Datei erstellt werden, in die die Codes eingefügt werden. Für diese Option kann entweder *REPLACE* angegeben werden, d.h. das Wort im Text wird durch die zugehörige Kategorie ersetzt oder *INSERT*, d.h. die Kategoriennummer wird hinter dem Wort, das zur Vercodung führte, in die Datei eingetragen. Wird eine numerische Datei angefordert (*TAB/VEC*), muß dieses Feld leer bleiben (siehe oben).

Prefix for the codes

Ein ein oder zwei Zeichen langes Präfix kann spezifiziert werden, das vor einen Code in der durch *write back* erstellten SENTENCE-Datei gesetzt wird (erleichtert das Auffinden von Kategoriennummern im Text).

Title

Überschriftszeile.

Print each dictionary entry which is used for coding: (Y/N)

Diese Option erleichtert die Validierung eines Diktionärs (siehe 5.4). Für jede Zähleinheit werden die Diktionärseinträge ausgegeben, die zur Vercodung führten (und die Häufigkeit, wie oft sie dazu führten).

Maximum number of warnings

Nach der angegebenen Zahl von Warnungen wird die Vercodung abgebrochen.

Print warnings: (Y/N)

Als Voreinstellung werden alle Warnungen gedruckt. In einigen Fällen kann es jedoch sinnvoll sein, das Drucken von Warnungen zu unterdrücken.

Name of the dictionary (otherwise blank), Dir

Angabe des Namens und des Suchpfades der Datei, in der das Diktionär gespeichert ist. Wird kein Dateiname angegeben, so werden die Diktionärseinträge im nächsten Fenster abgefragt.

Print the dictionary: (Y/N)

Zur Dokumentation soll das Diktionär gedruckt werden.

Filter (values of ID1, ID2, ID3, separated by commas or blanks)
    Mit dieser Option können Einheiten ausgewählt werden, die in die Vercodung einbezogen
    werden sollen.

TAGCODER-Menü:

```
    *****  T E X T P A C K  V  * * * * *   Program  TAGCODER    *****
    F1 help F3 execute F5 show directory F8 DOS command

    ********************************************************************

    Name of the SENTENCE file: SEN.TMP_  Dir: C:\TXPKEX_____
    Name of the SPLIT file: SPLIT.TMP_   Dir: C:\TXPKEX_____
    Name of the output file: _____     Dir: C:\TXPKEX_____
    Sort the input SPLIT file: Y
    Code group: ID1                  Type of coding: ___
    Write back: _____              Prefix for the codes: __
    Title: _____
    Print each dictionary entry which is used for coding: N
    Maximum number of warnings: _10       Print warnings: Y

    Name of the dictionary (otherwise blank):
    _____  Dir: C:\TXPKEX_____
    Print the dictionary: N

    Filter (values of ID1, ID2, ID3, separated by commas or blanks)
       ID1: _____
       ID2: _____
       ID3: _____
```

Wurde eine numerische Datei im *VEC*-Format angefordert, folgt ein weiteres Fenster. Die
Angaben dort sind:

Maximum number of codes per count unit
    Die pro Zähleinheit maximal zulässige Zahl von Codes (bis zu 1200) wird hier angegeben.

Constant
    In der numerischen Datei kann pro Zähleinheit eine Konstante gespeichert werden (Position 1-
    2). Sie kann z.B. beim Einlesen in eine Datenbank als "Record type" hilfreich sein.

Write also units for which no codes assigned: (Y/N)

Werden einer Zähleinheit keine Codes zugewiesen, kann entschieden werden, ob sie trotzdem in die numerische Ausgabedatei übernommen werden soll oder nicht.

Write the ID's from uncoded units to a separate file: (Y/N)

Die Identifikationen der Zähleinheiten, denen kein Code zugewiesen wurde, können in einer zusätzlichen Datei gespeichert werden (siehe SUBSEL, 7.5.3).

File name of this output file, Dir

Name und Suchpfad, unter dem die Datei der nicht-vercodeten Einheiten gespeichert werden soll.

Output a setup for easy input into

Um die Eingabe der numerischen Datei in die gängigen Statistiksysteme zu erleichtern, kann eine Datei mit der Datenbeschreibung generiert werden: *SPSS* generiert ein Setup für SPSS/PC+, *XSPSS* für SPSS-X, *SAS* für SAS und *SIR* für das Datenbanksystem SIR.

File name of the setup, Dir

Name und Suchpfad, unter dem das oben angeforderte Setup gespeichert werden soll.

VEC-Fenster:

```
 ***** T E X T P A C K  V * * * * *    Program  TAGCODER    *****
 F1 help F3 execute F5 show directory F7 store the setup F8 DOS command

 ***********************************************************************

 Maximum number of codes per count unit: 1200

 Constant: __

 Write also the units for which no codes assigned: N

 Write the ID's of uncoded units to a separate file: N
 File name of this output file: _____  Dir: _____

 Output a setup for easy use input into: _____
 File name of the setup: _____  Dir: _____
```

Wurde eine numerische Datei im *TAB*-Format angefordert, folgt ein weiteres Fenster:

```
     *****   T E X T P A C K   V  * * * * *   Program  TAGCODER    *****
     F1 help F3 execute F5 show directory F7 store the setup F8 DOS command

     *********************************************************************


     Range of the codes:
        Minimum: ___        maximum: ___
     Number of digits for frequencies: _

     Constant: __

     Write also the units for which no codes assigned: N

     Write the ID's from uncoded units to a separate file: N
     File name of this output file: _____  Dir: _____

     Output a setup for easy use input into: _____
     File name of the setup: _____  Dir: _____
```

Range of codes, Minimum, Maximum

Hier kann der Bereich der Kategoriennummern, die im Diktionär definiert sind, angegeben werden. Durch die Angabe des Bereichs kann die Größe der Ausgabedatei deutlich reduziert werden. Der maximale Bereich reicht von 1 bis 999.

Number of digits for frequencies

Pro Kategorie wird die Häufigkeit des Auftretens pro Zähleinheit gespeichert. Wieviele Stellen für diese Werte in der Datei reserviert werden sollen, kann hier festgelegt werden (maximal 6 Stellen sind erlaubt).

Alle folgenden Optionen entsprechen denen im oben beschriebenen Fenster für die Eingabe bei der *VEC*-Vercodung:

Constant,

Write also units for which no codes assigned: (Y/N),

Write the ID's from uncoded units to a separate file: (Y/N),

File name of this output file, Dir,

Output a setup for easy input into,

File name of the setup, Dir

7.5.2.4 Beispiel zu TAGCODER

Die Datei *POL.SEN* soll vercodet werden. In einem Diktionär wurden Indikatorbegriffe für *rechts* (Kategorie 002) und für *links* (Kategorie 001) festgelegt. Als Vercodungstyp wurde *TAB* gewählt, d.h. für jede Kategorie werden Häufigkeiten angegeben, die Zählebene ist ID2 (die Antwort).

Die Angaben werden im Fenster eingetragen:

```
   *****  T E X T P A C K  V  * * * * *    Program  TAGCODER    *****
   F1 help F3 execute F5 show directory F8 DOS command

   *****************************************************************

   Name of the SENTENCE file: POL.SEN_  Dir: C:\TXPKEX_____
   Name of the SPLIT file: POL.SPL_     Dir: C:\TXPKEX_____
   Name of the output file: POL.TAB_    Dir: C:\TXPKEX_____
   Sort the input SPLIT file: Y
   Code group: ID2           Type of coding: TAB
   Write back: _____       Prefix for the codes: __
   Title: _____
   Print each dictionary entry which is used for coding: N
   Maximum number of warnings: _10        Print warnings: Y

   Name of the dictionary (otherwise blank):
   POL.DI_____    Dir: C:\TXPKEX_____
   Print the dictionary: Y

   Filter (values of ID1, ID2, ID3, separated by commas or blanks)
      ID1: _____
      ID2: _____
      ID3: _____
```

Danach wird in einem zweiten Fenster angegeben, daß Kategoriennummern von 1 bis 2 zulässig sind (entsprechend den Vorgaben im Diktionär). Die Häufigkeiten sollen 2-stellig gespeichert werden. Eine Datei der nicht-vercodeten Einheiten und eine Datei der Datenbeschreibung für die Eingabe der numerischen Vercodungen in ein Statistikprogrammsystem werden nicht angefordert. TAGCODER erstellt die folgende Ausgabe:

```
**********   T E X T P A C K   V   1 OCT  89   ROUTINE -TAGCODER-  **********

***********************************************************************
*                                                                     *
*                                                                     *
*     TEXTPACK MANUAL ISBN 3-924220-01-8                              *
*        COPYRIGHT   ZUMA MANNHEIM, WEST GERMANY, 1986, 1990          *
*                                                                     *
*     OPT-TECH SORT SOFTWARE                                          *
*        COPYRIGHT   OPT-TECH DATA PROCESSING, ZEPHYR COVE, NEVADA 1983 *
*                                                                     *
*                                                                     *
***********************************************************************


PARAMETERS SPECIFIED FOR THIS RUN:

OPTION FNSP='C:\TXPKEX\POL.SPL',*
FNSEN='C:\TXPKEX\POL.SPL',*
CODEGR=ID2 PRINT=DICT MAXW= 10 *
FNOUT='C:\TXPKEX\POL.TAB' *
TITLE='                                         ' *
CODO=TAB,CATR=(1-2) DIGITS=2 *
FNDICT='C:\TXPKEX\TAG.DI'


CALLING OPT-TECH SORT FOR SORTING THE  DICT FILE .....
BACK FROM OPT-TECH SORT
CALLING OPT-TECH SORT FOR SORTING THE SPLIT FILE .....
BACK FROM OPT-TECH SORT
CODING WILL BE PERFORMED AT THE LEVEL OF ID2
CODING WILL BE PERFORMED IN TAB MODE
THE RANGE OF CATEGORIES FOR THE NUMERIC OUTPUT DATASET EXTENDS FROM   1 TO   2
AND THE WIDTH OF THE FREQUENCIES TO BE WRITTEN IN THE CORRESPONDING
FIELDS IS   2
PROCESSING WILL BE TERMINATED AFTER   10 WARNINGS
THE OUTPUT FILE WILL CONTAIN RECORDS FOR ONLY THOSE INPUT UNITS THAT
RESULTED IN RECODING


  **********   T E X T P A C K   V   1 OCT  89   ROUTINE -TAGCODER-  **********

     LIST OF TAG ENTRIES

        002    CDU
        002    CSU
        001    DKP
        002 -  Kapitali
        001 -  Kommunis
        001 -  Link
        001    Marxismus
        002    NPD
```

```
002    NSDAP
002  - Recht
001    SPD
001  - Sozi
002  - kapitali
001  - kommunis
001  - link
002  - recht
001  - sozi
```

```
**** FORMAT OF ONE RECORD ON THE OUTPUT FILE ****

POSITION       CONTENT
---------      -----------

 1  -  6       ID1
 7  - 12       ID2
13  - 21       NUMBER OF WORDS IN THE TEXT UNIT
22  - 27       NUMBER OF CODES IN THE TEXT UNIT
28  - 29       FREQUENCY OF CATEGORY   1
30  - 31       FREQUENCY OF CATEGORY   2

**********   T E X T P A C K   V   1 OCT 89   ROUTINE  -TAGCODER-   **********

NUMBER OF INPUT WORDS:        586
NUMBER OF OUTPUT RECORDS:          58
NUMBER OF CODES IN THE OUTPUT FILE:         94
NUMBER OF TEXT UNITS WITH NO CODES:         26
NUMBER OF WARNINGS:          0
COMPLETE RUN -TAGCODER-
```

TAGCODER liest 586 Wörter aus der SPLIT-Datei und kann 58 Zähleinheiten (Antworten) Kategorien zuweisen, 26 Zähleinheiten bleiben ohne jeden Code und werden nicht in die Ausgabe übernommen. Unten aufgelistet ist der Anfang der numerischen Datei. In den Positionen 28/29 findet sich die Häufigkeit der Kategorie 1 für die entsprechende Frage, in den Positionen 30/31 für die Kategorie 2. Bei diesem Ausdruck sieht man, daß für den Befragten 3817 nur eine Zeile (Frage 5) in die Ausgabe übernommen wurde, für die Antwort auf Frage 6 aber kein Code vergeben wurde.

```
00204200000500000000700000101000
00204200000600000000500000010001
00287100000500000000900000202000
00287100000600000001600000020002
00381300000500000000500000202000
00381300000600000000500000020002
00381700000500000000500000101000
00384100000500000001100000010100
00384100000600000000500000010001
```

Wird anstelle der *TAB*-Vercodung die *VEC*-Vercodung gewählt, sieht die Ausgabedatei wie im folgenden Beispiel aus. Dabei steht in Position 26-28 die erste zugewiesene Kategoriennummer, in Position 29-31 die zweite, usw. (siehe den von TAGCODER erstellten Codeplan):

```
**** FORMAT OF ONE RECORD ON THE OUTPUT FILE ****

POSITION     CONTENT
--------------------

    1-   6   ID1
    7-  12   ID2
   13-  21   NUMBER OF WORDS IN THE TEXT UNIT
   22-  25   NUMBER OF CODES IN THE TEXT UNIT
   26-  28       1. CATEGORY
   29-  31       2. CATEGORY
    :    :           :
    :    :           :
   38-  40       5. CATEGORY
```

VEC-Datei:

```
00204200000500000000070001001
00204200000600000000050001002
00287100000500000000090002001001
00287100000600000000160002002002
00381300000500000000050002001001
00381300000600000000050002002002
00381700000500000000050001001
00384100000500000000110001001
00384100000600000000050001002
......
......
```

Wird zusätzlich zu den numerischen Vercodungen die Ausgabe einer Datei mit den Datenbeschreibungen für SPSS/PC+ angefordert *(Output a setup for easy use input into: SPSS)*, ist dieses Setup für die *TAB*-Vercodung wie folgt aufgebaut:

```
DATA LIST FILE='C:\TXPKEX\POL.TAB'
 /ID1 1-6 ID2 7-12 NWORDS 13-21 NCODES 22-27
 CAT001 TO CAT002 028-0031.
```

Das Setup zu diesem Beispiel enthält die Variablenbeschreibungen für ID1 und ID2, für die Zahl der Wörter in der Zähleinheit (NWORDS) und für die Zahl der zugewiesenen Codes in dieser Einheit (NCODES). Danach folgen die Variablen mit den Kategorienhäufigkeiten (CAT001 für Kategorie 001, CAT002 für Kategorie 002). Als numerische Datei wird in diesem Setup *POL.TAB* verwendet, die in diesem TAGCODER-Lauf erstellt wurde. Dieses Setup kann unverändert Eingabe in SPSS/PC+ sein: entweder kann im Menü *Kontrolle & Info* gewählt werden und dort das Setup mit *INCLUDE* eingelesen werden, oder es kann in den SPSS-Editor eingelesen werden (*F3* zum Lesen des Setups, *F7* zum Markieren der auszuführenden Zeilen). Im Editor kann das Setup auch verändert werden, z.B. können die Variablennamen für die Kategorien geändert werden, weil TEXTPACK nur standardisierte Variablennamen definieren kann. Nach dem Einlesen der Datenbeschreibungen können beliebige SPSS-Prozeduren ausgeführt werden. Am Ende sollte auf jeden Fall mit *SAVE* eine SPSS/PC+-Systemdatei erstellt werden.

Wird anstelle einer numerischen Datei eine SENTENCE-Datei erstellt, in der die Kategorien im Text eingetragen sind (gekennzeichnet durch **), kann die Datei anschließend mit LISTSPLT gedruckt werden und sieht dann so aus:

```
-ID1-   -ID2-   -ID3-   TOKENS  T E X T-----------------------------------

002042  000005                  Sind wohl die Sozis **001 .
        000006                  Vielleicht CSU **002 und ihre Anhaenger .
002871  000005                  Die Linken **001 beziehen sich in ihrer
                                 Politik mehr auf Soziales **001 .
        000006                  CDU **002 und CSU **002 sind haerter in
                                 ihrem Kurs und Forscher . Hier spielt
                                 auch die Gunst des Politikers eine Rolle .
003813  000005                  Sitzverordnung im Bundestag , links
                                 **001 SPD **001 .
        000006                  Sitzverordnung im Bundestag , rechts
                                 **002 CDU **002 .
003817  000005                  Der Kommunismus **001 , das System , das
                                 in der DDR herrscht .
003841  000005                  Abbau von sozialen **001
                                 Ungerechtigkeiten , Abbau von Privilegien
                                 , mehr Chancengleichheit in der Schule .
        000006                  Nationale Politik , Einschraenkung
                                 demokratischer Rechte **002 .
........
........
```

7.5.3 SUBSEL

SUBSEL verbindet eine Textdatei mit den dazugehörenden Informationen in einer numerischen Datei. Diese Verknüpfung ermöglicht die Auswahl von Texteinheiten aufgrund der in der numerischen Datei gespeicherten Variablen. Diese Art der Verknüpfung ist bei vielen Textarten anwendbar:

- In Interviews wird ein Teil der Fragen offen erhoben, d.h. der Befragte kann in eigenen Worten antworten. Alle anderen Fragen werden geschlossen gestellt (d.h. mit Antwortvorgaben). Die Texte der Antworten auf die offenen Fragen werden in einer SENTENCE-Datei gespeichert, alle anderen (numerischen) Angaben sind in einer zweiten Datei gespeichert (z.B. in einer SPSS/PC+-Datei). SUBSEL bietet nun die Möglichkeit, Texte für bestimmte Befragtengruppen auszuwählen und getrennt abzuspeichern und weiterzuanalysieren. Diese Gruppen werden durch die numerischen Variablen definiert, z.B. alle Männer über 50 oder alle CDU-Wähler.

- Textdaten werden konventionell verschlüsselt (z.B. Leitfadeninterviews). Die Texte selbst sind in einer SENTENCE-Datei gespeichert, die manuell vergebenen Codes (z.B. Themenbereiche) sind in einer zweiten, numerischen Datei gespeichert. SUBSEL erlaubt nun, alle die Texte auszuwählen, die mit einem bestimmten Code (z.B. Thema Umweltschutz) versehen wurden.

- Wird mit TAGCODER automatisch vercodet, bleiben häufig einige Zähleinheiten ohne Codezuweisung. TAGCODER kann eine Datei erstellen, die alle Identifikatoren dieser Einheiten enthält. Mit dieser (numerischen) Datei und SUBSEL können alle Texte zu diesen nicht-vercodeten Einheiten selektiert werden, um sie z.B. manuell nachzuvercoden.

- Eine Jubiläumsausgabe Goethes in sechs Bänden sei als Textdatei vorhanden. Die Texte sind durch drei Identifikatoren gekennzeichnet: ID1 markiert die Bände, ID2 die einzelnen Stücke bzw. Werke und ID3 die Kapitel der Werke. Zur Textdatei gibt es eine numerische Datei, die Informationen zum Erscheinungsjahr, zur Zahl der Wörter, der Anzahl der Aufführungen, der Bewertung des Bekanntheitsgrads und daneben inhaltliche Kategorien zum Themenbereich enthält. Aufgrund der numerischen Information können nun gezielt Stücke ausgewählt werden (z.B. alles, was in einem bestimmten Jahr erschien).

In dieser Weise ließen sich noch weitere Beispiele finden, die verdeutlichen, was SUBSEL leisten kann.

7.5.3.1 Auswahl von Texteinheiten

Im Gegensatz zur Auswahl von Einheiten über den Filter in TEXTPACK werden hier in SUBSEL die Identifikationsnummern, die ausgewählt werden sollen, nicht explizit angegeben, sondern Bedingungen spezifiziert, die erfüllt sein müssen, um die Auswahl vorzunehmen. Ausgewählt werden mit SUBSEL Einheiten, die festgesetzten Kategorien in der numerischen Datei angehören (z.B. Frauen, Postmaterialisten oder Liberale). Damit können auf einfache Weise datenbankähnliche Such- und Unterteilungsprozesse vorgenommen werden. Zusätzlich zu dieser Art der Auswahl ist in SUBSEL auch die sonst in TEXTPACK übliche Filteranweisung möglich.

Die Vorgehensweise ist folgende: Zuerst muß in der numerischen Datei eine Kriteriumsvariable (Selektionsvariable) ausgewählt bzw. berechnet werden. Im Menü werden Kriteriumsvariable (z.B. Geschlecht) und Werte (z.B. 2 für weiblich) angegeben, die zur Textauswahl führen sollen. SUBSEL prüft, ob sich diese Variablenwerte in der numerischen Datei finden. Ist dies der Fall, werden in der Textdatei die Texteinheiten ausgewählt, deren Identifikationen mit denen der ausgewählten Fälle der numerischen Datei übereinstimmen. Für dieses Auswahlverfahren ist es unbedingt erforderlich, daß die numerische Datei Variablen enthält, die den Identifikationen ID1, ID2 und ID3 des Textes entsprechen (eine der ID1 entsprechende Variable muß in der numerischen Datei immer vorhanden sein). Wird keine Kriteriumsvariable angegeben, werden alle Texteinheiten ausgewählt, für die es eine entsprechende Identifikation in der numerischen Datei gibt. Die Werte der Kriteriumsvariablen können einzeln oder als Bereich (mit Bindestrich), jeweils durch Komma getrennt, angegeben werden.

SUBSEL erlaubt nur eine Kriteriumsvariable pro Auswahlverfahren. Benötigt man eine zweite Kriteriumsvariable, um eine auszuwählende Einheit eindeutig zu bestimmen, kann die zunächst durch die erste Bedingung reduzierte Datei ein weiteres Mal in SUBSEL eingelesen werden und mit einer neuen Selektionsbedingung weiter reduziert werden. Eine andere Möglichkeit, die die Auswahl aufgrund von logischen Verknüpfungen zwischen mehreren Variablen ermöglicht, ist das Generieren einer neuen, kombinierten Kriteriumsvariablen schon in der numerischen Datei. Dazu kann in jedem Statistikprogramm durch Umcodierungen eine neue Variable gebildet werden, die dann zur Selektion verwendet werden kann.

Ein Beispiel für SPSS/PC+, wie man eine neue Variable zur Textauswahl generiert:

```
COMPUTE CRITVAR=1.
IF (GESCHL=1 AND ALTER LE 20) CRITVAR=2.
```

d.h. die Variable *CRITVAR* wird 2, wenn die Variable *GESCHL* 1 und die Variable *ALTER* kleiner oder gleich 20 ist. Mit der neu gebildeten Variablen CRITVAR können nun alle Männer unter 20 Jahren ausgewählt werden.

Die Werte dürfen *nicht negativ oder alphanumerisch* sein. Auch in diesem Fall muß die Variable vorher in einem Statistikprogramm umcodiert werden.

Wichtig ist bei diesem Auswahlverfahren die Beachtung des Aggregationsniveaus der beiden Dateien. Als allgemeine Regel für SUBSEL gilt: das Aggregationsniveau der numerischen Datei muß gleich oder größer sein als das der Textdatei, d.h. die numerische Datei darf nicht weitergehend untergliedert sein als die Textdatei. Das nachfolgende Beispiel soll helfen, den Sinn dieser Regel zu erläutern.

Wieder ist die Textdatei die oben beschriebene Jubiläumsausgabe Goethes, und die numerische Datei enthält die zusätzlichen Informationen. Sind diese Informationen in der numerischen Datei pro Band gespeichert, d.h. die Datei enthält sechs Fälle, weil nur für ID1 jeweils die Informationen in der numerischen Datei vorhanden sind, dann wird, wenn der Wert der Kriteriumsvariablen vorgefunden wird, der gesamte Text eines Bandes als Texteinheit ausgegeben. Gibt es in der numerischen Datei pro Werk einen Fall mit numerischen Informationen und für ID1 und ID2 werden entsprechende Variablen in der numerischen Datei definiert, wird für jedes Zutreffen der Kriteriumsvariablen ein Werk in die Ausgabe geschrieben. Liegen aber pro Satz die Informationen vor, die Untergliederung ist also feiner als ID3 (Kapitel), so gibt es in der numerischen Datei mehrere Texteinheiten mit den gleichen Identifikationsnummern (mehrere Sätze in einem Kapitel). Das Aggregationsniveau der numerischen Datei ist damit niedriger als das der Textdatei (die Textdatei hat als kleinste Ebene Kapitel, die numerische Datei Sätze). SUBSEL berücksichtigt bei der Auswahl der Einheiten nur den ersten Fall der numerischen Datei, alle folgenden Fälle mit den gleichen Identifikationen werden übergangen, und es wird eine Warnung ausgegeben. Dies kann zu inhaltlichen Fehlern bei der Auswahl führen, wenn z.B. alle Kapitel, in denen die Kategorie *Teufel* vorkommt, gesucht werden. Da der erste Satz des ersten Kapitels diese Kategorie nicht enthält, wird das ganze erste Kapitel nicht ausgegeben.

Die Texte müssen zur Eingabe in SUBSEL immer in einer SENTENCE-Datei gespeichert sein, die numerische Information kann in einer portablen SPSS-Datei oder in einer ASCII-Datei vorliegen. Die Datei muß aufsteigend nach den Werten der Identifikatoren sortiert sein (Befehl in SPSS/PC+: SORT CASES). Die Variablen werden mit den SPSS/PC+-Variablennamen angesprochen. Wurde die Datei mit einem anderen Statistikprogrammsystem als SPSS oder mit einem Datenbanksystem aufgebaut, müssen die Daten der vier Variablen (drei Identifikatoren, eine Kriteriumsvariable) als ASCII-Datei vorliegen, damit sie in SUBSEL eingelesen werden können. Wird eine ASCII-Datei in SUBSEL eingegeben, können die vier Variablen in beliebiger Reihenfolge angegeben sein, aber sie müssen für jeden Fall (ein Fall = alle Informationen für eine Einheit) immer an der gleichen Position stehen. Jeder Fall kann sich über mehrere Zeilen (Records) erstrecken, jedoch müssen für jeden Fall immer gleich viele Records vorhanden sein, und jeder Fall muß immer in einer neuen Zeile beginnen. Die Variablenbeschreibung in SUBSEL erfolgt über ein Format-Statement, wie es in FORTRAN üblich ist; die Reihenfolge der Variablen wird über eine Option mitgeteilt. Die Formatbeschreibung setzt sich aus vier verschiedenen Grundelementen zusammen: An, In, nX und /. Die einzelnen Angaben werden durch Kommas getrennt. Für die vier Elemente gilt:

An	beschreibt eine alphanumerische Variable (A) der Breite n;
In	beschreibt eine numerische Variable (ohne Dezimalstellen) der Breite n;
nX	n Positionen sollen ab der aktuellen Position übersprungen, d.h. nicht gelesen werden;
/	nächste Eingabezeile (nur bei mehreren Eingabezeilen pro Fall).

Dazu ein Beispiel:

Angenommen, die Werte für ID1 stehen in der ersten Zeile in den Spalten 1-6, dann folgen 10 Leerstellen oder Spalten, die durch nicht relevante Variablen belegt sind, dann folgen ID2 und ID3 mit 6 bzw. 5 Stellen (die Variablen sind nicht numerisch). Jeder Fall umfaßt vier Zeilen (Records). Die Kriteriumsvariable ist im jeweils vierten Record in den Spalten 7-8 zu finden. Die Elemente des Format-Statements sind:

A6	alphanumerische Variable (ID1), 6 Stellen breit
10X	die nächsten 10 Stellen sollen übergangen werden
A6	alphanumerische Variable (ID2), 6 Stellen breit
A5	alphanumerische Variable (ID3), 5 Stellen breit
/	Sprung auf die zweite Eingabezeile
/	Sprung auf die dritte Zeile
/	Sprung auf die vierte Zeile
6X	Überlesen der Spalten 1-6 der 4. Zeile
I2	die Kriteriumsvariable (numerisch) folgt in den Spalten 7 und 8

Die Angaben für SUBSEL im Feld *Format* müßten somit lauten:
A6,10X,A6,A5 ///6X,I2
Die dazugehörende Positionsangabe entspricht der Voreinstellung: 1,2,3,4.

7.5.3.2 Arbeiten mit SUBSEL

Nachdem im Hauptmenü SUBSEL ausgewählt wurde, können im folgenden Menü die Optionen spezifiziert werden:

```
***** T E X T P A C K  V * * * * *   Program SUBSEL   *****
F1 help F3 execute F5 show directory F7 store the setup F8 DOS command

***********************************************************************
Name of the SENTENCE file: SEN.TMP    Dir: C:\TXPKEX_____
Name of the numeric file: _____    Dir: C:\TXPKEX_____
Name of the output text: _____     Dir: C:\TXPKEX_____
Is the numeric file in raw data format: Y   Numeric ID variables: Y
Maximum number of warnings: _10
Select values (criterion variable):
  _____

If raw data are input:
  Position of the variables: 1,2,3,4
  Format: _____
If an portable SPSS file is input:
  IDV1: _____   IDV2: _____   IDV3: _____   Criterion: _____

Filter (values of ID1, ID2, ID3, separated by commas or blanks)
  ID1: _____
  ID2: _____
  ID3: _____
```

Für die einzelnen Angabe gilt:

Name of the SENTENCE file, Dir

Angabe des Namens und des Suchpfades, unter dem die SENTENCE-Datei gespeichert ist.

Name of the numeric file, Dir

Angabe des Namens und des Suchpfades, unter dem die numerische Datei gespeichert ist.

Name of the output text, Dir

Name und Suchpfad der neu zu erstellenden SENTENCE-Datei mit allen ausgewählten Texteinheiten.

Is the numeric file in raw data format: (Y/N)

Die numerische Datei kann entweder eine ASCII-Rohdatendatei oder eine portable SPSS-Datei sein.

Numeric ID variables: (Y/N)

Die Identifikationen können numerisch oder alphanumerisch sein. Sie müssen aber in der numerischen Datei und in der SENTENCE-Datei das gleiche Format haben (siehe 4.1).

Maximum number of warnings

SUBSEL verarbeitet die beiden Dateien so lange, bis die maximal zugelassene Zahl von Warnungen erreicht ist.

Select values (criterion variable)

Hier wird die Auswahlbedingung festgelegt, unter der Texteinheiten in die Ausgabe übernommen werden sollen. Hat die Kriteriumsvariable einen der angegebenen Werte, wird die entsprechende Texteinheit in der SENTENCE-Datei gesucht und in die Ausgabedatei übernommen. Die angegebenen Werte müssen positiv und ganzzahlig sein; negative Werte, alphanumerische Zeichen und Dezimalzahlen sind nicht erlaubt. Die Werte müssen in aufsteigender Reihenfolge angegeben werden. Bereichsangaben (zwei Werte, durch Bindestrich getrennt, die angeben, daß alle Werte dazwischen gültig sind) sind zulässig. Werden keine Werte angegeben, so werden für alle numerischen Fälle, die entsprechenden Texteinheiten ausgewählt.

Die folgenden beiden Optionen werden nur angegeben, wenn eine ASCII-Rohdaten-Datei als Eingabe in SUBSEL dient. Anderenfalls bleiben sie unverändert.

Position of the variables

Für Rohdaten muß die Reihenfolge der vier für SUBSEL relevanten Variablen in der Datei angegeben werden. Dabei entspricht 1 der ID1, 2 der ID2, 3 der ID3 und 4 der Kriteriumsvariablen. Steht z.B. die Kriteriumsvariable in Spalte 2 (als erste der vier Variablen), ID1 (als zweite der vier Variablen) in 5-8, ID2 (als dritte der vier Variablen) in 9-12 und ID3 fehlt, so sind die Angaben für Position und Format die Folgenden:
Position of the variables: 4,1,2
Format: 1X,I1,2X,I4,I4
Ist keine Kriteriumsvariable vorhanden, so wird die 4 nicht angegeben. Dasselbe gilt, wenn ID2 und/oder ID3 fehlen.

Format

Wenn Rohdaten eingelesen werden, wird hier das Format der Daten angegeben (siehe 7.5.3.1).

Die folgenden vier Optionen werden nur angegeben, wenn eine portable SPSS-Datei als Eingabe in SUBSEL dient.

IDV1, IDV2, IDV3
   Angabe der Namen der Variablen in der numerischen Datei, die ID1, ID2 und ID3 entsprechen.

Criterion
   Angabe des Namens der Kriteriumsvariablen in der numerischen Datei (sofern vorhanden).

Die Filter-Option kann unabhängig von der Form der Eingabedatei angegeben werden:

Filter (values of ID1, ID2, ID3, separated by commas or blanks)
   Mit dieser Option können Einheiten ausgewählt werden, die in die Ausgabedatei übernommen werden sollen, wenn die anderen angegebenen Bedingungen zutreffen.

7.5.3.3 Beispiel zu SUBSEL

Zur Datei mit den Beschreibungen von "links" und "rechts" existiert auch eine numerische Datei. Mit Hilfe dieser Datei (eine SPSS/PC+-Datei) sollen aus der Textdatei alle Antworten der Frauen zwischen 36 und 45 Jahren ausgewählt werden, die CDU wählen. In der Datei liegen die entsprechenden Variabeln V2 (Befragtennummer), V122 (Welche Partei würden sie wählen?), V168 (Alter) und V257 (Geschlecht) vor.

Das SPSS/PC+-Setup zum Bilden *einer* Kriteriumsvariablen und zum Erstellen der portablen Datei sieht wie folgt aus:

```
Get File='POL.SYS'.
Compute Critvar=1.
If (V122 = 1 AND V168 = 2 AND V257 = 2) Critvar=2.
Export outfile='POL.EXP'.
Finish.
```

Nun kann die portable SPSS-Datei *POL.EXP* in SUBSEL eingelesen werden.

In der Ausgabe werden zunächst die verwendeten Optionen und die aus der portablen SPSS-Datei ausgewählten Variablen aufgeführt; sodann druckt SUBSEL die Zahl der Fälle in der numerischen Datei (45), die Zahl der Texteinheiten in der SENTENCE-Datei (84), die Zahl der ausgewählten Texteinheiten (hier die Texte von 8 CDU-wählenden Frauen zwischen 36 und 45) und die Zahl der in der numerischen Datei ausgewählten Einheiten, für die die Werte der Kriteriumsvariablen zutreffen, aber zu denen es keine Texte gibt (1) (siehe Beispielausdruck).

Die Angaben werden im Fenster eingetragen:

```
     *****  T E X T P A C K  V  * * * * *   Program  SUBSEL    *****
     F1 help F3 execute F5 show directory F7 store the setup F8 DOS command

     ***************************************************************

     Name of the SENTENCE file: POL.SEN      Dir: C:\TXPKEX_____
     Name of the numeric file: POL.EXP       Dir: C:\TXPKEX_____
     Name of the output text: POL.SUB        Dir: C:\TXPKEX_____
     Is the numeric file in raw data format: N    Numeric ID variables: Y
     Maximum number of warnings: _10
     Select values (criterion variable):
     2_____

     If raw data are input:
       Position of the variables: 1,2,3,4
       Format: _____
     If an portable SPSS file is input:
       IDV1: V2_____  IDV2: _____  IDV3: _____ Criterion: Critvar

     Filter (values of ID1, ID2, ID3, separated by commas or blanks)
       ID1: _____
       ID2: _____
       ID3: _____
```

Die Protokoll-Ausgabe von SUBSEL sieht wie folgt aus:

```
**********  T E X T P A C K   V   1 OCT  89   ROUTINE -SUBSEL- **********

***************************************************************************
*                                                                         *
*                                                                         *
*    TEXTPACK MANUAL ISBN 3-924220-01-8                                   *
*       COPYRIGHT  ZUMA MANNHEIM, WEST GERMANY, 1986, 1990                *
*                                                                         *
*    OPT-TECH SORT SOFTWARE                                               *
*       COPYRIGHT  OPT-TECH DATA PROCESSING, ZEPHYR COVE, NEVADA 1983     *
*                                                                         *
*                                                                         *
***************************************************************************
```

```
PARAMETERS SPECIFIED FOR THIS RUN:

OPTION FNSEN='C:\TXPKEX\POL.SEN',*
FNDATA='C:\TXPKEX\POL.EXP',*
IDV1='V2'   INCRIT=EXPO *
 CRIT='Critvar' SELECT=(2) *
MAXW= 10 FNSUB='C:\TXPKEX\POL.SUB'


THE NUMERIC INPUT FILE IS AN SPSS X PORTABLE FILE
THE CRITERION VARIABLE IN THE NUMERIC FILE IS CRITVAR
VARIABLE V2        IN THE NUMERIC FILE IS THE MATCH VARIABLE FOR ID1
THE IDENTIFICATIONS ARE IN        NUMERIC FORM

THE INPUT VARIABLES ARE:

VARIABLE                NAME
CRITERION VARIABLE:     CRITVAR
ID1:                    V2

NUMBER OF CASES IN THE CRITERION SPSS FILE            45
NUMBER OF TEXT UNITS IN THE INPUT SENTENCE FILE       84
NUMBER OF TEXT UNITS WHICH PASSED ALL FILTER REQUIREMENTS
AND WERE TRANSFERRED TO THE OUTPUT SENTENCE FILE               8
TOTAL NUMBER OF CASES SELECTED FROM THE CRITERION SPSS FILE
WHOSE IDENTIFICATIONS ARE NOT MATCHED BY TEXT UNIT IDENTIFICATIONS:       1

COMPLETE RUN -SUBSEL-
```

Mit LISTSPLT kann man die neu erstellte SENTENCE-Datei der ausgewählten Texte drucken, was zu dem unten gezeigten Ergebnis führt:

```
-ID1-  -ID2-  -ID3-   TOKENS T E X T-------------------------------------

002042 000005           Sind wohl die Sozis oder aus dieser
                        Richtung .
       000006           Vielleicht CSU und ihre Anhaenger .
005491 000005           Kommunistische Tendenzen , Marxismus und
                        dergleichen .
       000006           Die Gegenseite von Kommunismus .
016041 000005           Da verstehe ich mehr die kommunistische
                        Seite unter , der sogenannte Sozialismus .
       000006           Demokratie verstehe ich darunter , fuer
                        das Volk dasein .
022561 000005           Kommunismus , DDR Regierung , DKP .
       000006           Franz Josef Strauss , CDU , CSU .
```

7.6 Portabilität

7.6.1 REFORM

Mit REFORM kann aus einer SENTENCE-Datei eine ASCII-Datei erzeugt werden. Mit dieser ASCII-Datei ermöglicht REFORM das Weiterverarbeiten des Textmaterials mit anderen Textanalyseprogrammen (z.B. MICRO OCP, MTAS, TACT) oder mit Textverarbeitungssystemen (WORD, WordPerfect, etc.).

Das Format der ASCII-Ausgabedatei kann durch die Angabe der geeigneten Optionen sehr verschieden gestaltet werden. Die einzelnen Ausgabefelder werden blockweise gespeichert (z.B. Position 1-3 jeder Zeile enthält ID1 und 4-80 einen Textteil, der dann im nächsten Ausgabesatz bei Bedarf ab Position 4 fortgesetzt wird). Das Format entspricht dem Eingabeformat 2 von Rohtexten in SENTENCE (siehe 4.2 und 7.3.1). Den genauen Aufbau eines Ausgabesatzes dokumentiert die Prozedur im Ablaufprotokoll.

Die Länge eines Ausgabesatzes (einer Zeile) kann bis zu 256 Zeichen betragen. REFORM speichert soviel Text einer Identifikationsebene wie möglich in einer Zeile, danach wird der Text in der nächsten Zeile fortgesetzt. Soviel wie möglich in einer Zeile heißt, daß das Textfeld aufgefüllt wird, aber das letzte in Frage kommende Wort nur übernommen wird, wenn es vollständig übernommen werden kann. Wenn Worttrennung gewünscht wird, wird das letzte Wort getrennt - angezeigt durch einen Bindestrich in der letzten Position der Zeile (keine Silbentrennung!) - und in der nächsten Zeile fortgesetzt. Diese Art der Trennung ist die für die Eingabe in TEXTPACK gültig (siehe 7.3.1). Soll der Text allerdings mit einem anderen System weiterverarbeitet werden, ist zu prüfen, ob dort diese Art der Trennung verwendet werden kann.

Zusammen mit dem Text werden immer an derselben Stelle einer Zeile die Identifikatoren gespeichert. Die Breite dieser Identifikationsnummern ist in TEXTPACK auf 6 Stellen für ID1 und ID2 und auf 5 Stellen für ID3 festgelegt. Kürzere Identifikationsnummern werden mit führenden Nullen linksbündig aufgefüllt. Da die Identifikationsnummern häufig nicht so breit sind (z.B. Kapitelnummern oder Fragenummern sind selten mehr als 1- oder 2-stellig), erlaubt REFORM, jeden der 3 Identifikatoren verkürzt auszugeben (es werden nur die letzten n Stellen gespeichert), um so mehr Platz für das Textfeld zu reservieren. ID1 wird immer in die Ausgabedatei übernommen, ID2 und ID3 können von der Ausgabe ausgeschlossen werden. Zusätzlich zum Text und den Identifikatoren kann eine Konstante, um z.B. die Datei zu kennzeichnen, in die Ausgabe übernommen werden. Weitere Ausgabefelder in jeder Zeile können die Studienkennung und eine Zeilennummer, die die Zeilen innerhalb der kleinsten Identifikationsebene zählt, sein. Die Reihenfolge der Felder kann beliebig festgelegt werden: es können z.B. zuerst der Text, dann die Identifikatoren und zuletzt eine Konstante gespeichert werden.

7.6.1.1 Arbeiten mit REFORM

Nachdem im Hauptmenü REFORM ausgewählt wurde, erscheint das folgende Fenster, in dem die Optionen spezifiziert werden können:

```
    *****  T E X T P A C K  V  * * * * *   Program  REFORM    *****
    F1 help F3 execute F5 show directory F7 store the setup F8 DOS command

    ***********************************************************************

    Name of the SENTENCE file: SEN.TMP      Dir: C:\TXPKEX_____
    Name of the output file: _____       Dir: C:\TXPKEX_____

    Output Format:
        Length of one output record: _80
        Cut ID1: _       Cut ID2: _        Cut ID3: _
        Sequence of fields: _____
        Length of the sequence number (if any): _
        Constant: ___
        Study number: N
        Hyphenation: N

    Filter (values of ID1, ID2, ID3, separated by commas or blanks)
        ID1: _____
        ID2: _____
        ID3: _____
```

Für die einzelnen Angaben gilt:

Name of the SENTENCE file, Dir

    Angabe des Namens und des Suchpfades, unter dem die SENTENCE-Datei gespeichert ist.

Name of the output file, Dir

    Name und Suchpfad der neu zu erstellenden ASCII-Datei.

Length of one output record

    Hier kann die Länge jedes Ausgabesatzes festgelegt werden (zu jeder Zeile gehören neben dem Text die Identifikatoren, eventuell ausgewählte Konstanten, etc.).

Cut ID1, Cut ID2, Cut ID3

TEXTPACK speichert eine jeweils 6-stellige ID1 und ID2 und eine 5-stellige ID3. Sind die Werte der Identifikatoren kleiner und benötigen diesen Platz nicht, so kann hier angegeben werden, wieviele Positionen der Identifikatoren übernommen werden sollen (*Cut ID1: 4* bedeutet, es werden nur die Positionen 3-6 in die Ausgabe übertragen).

Sequence of fields

Die Reihenfolge, in der die einzelnen Felder (Identifikatoren, Text, Konstanten, etc.) in einen Ausgabesatz übertragen werden sollen, kann beliebig festgelegt werden. Zum Beschreiben der Reihenfolge müssen die folgenden Schlüsselwörter verwendet werden:
ID1, ID2, ID3 für die Identifikatoren; SEQ für die Sequenznummer (Zeilennumerierung); TEXT für das Textfeld; STUDY für die Studienkennung; CONSTANT für die Konstante.
Wird ID2 oder ID3 nicht spezifiziert, obwohl die Identifikatoren in der Datei gespeichert sind, wird eine entsprechende Warnung gedruckt, aber die jeweilige Identifikation nicht übernommen. ID1 muß immer übertragen werden.

Length of the sequence number (if any)

Soll in der Ausgabedatei ein Zeilenzähler innerhalb der kleinsten Identifikationsebene generiert werden, so muß hier die Breite dieses Zählers festgelegt werden. REFORM generiert eine Zeilennumerierung innerhalb der kleinsten Identifikationsebene.

Constant

Hier kann eine bis zu 3-stellige Konstante angegeben werden, die in jeden Ausgabesatz an einer festen Position gespeichert wird.

Study number: (Y/N)

Die in der SENTENCE-Datei enthaltene Studienkennung kann in jeden Ausgabesatz als Konstante übernommen werden.

Hyphenation: (Y/N)

Soll eine Trennung erfolgen, wird das Textfeld bis zur vorletzten Position beschrieben. Ist das letzte Wort nicht vollständig, wird ein Bindestrich in die letzte Position gespeichert und das Wort in der nächsten Zeile fortgesetzt (keine Silbentrennung nach Regeln!).

Filter (values of ID1, ID2, ID3, separated by commas or blanks)

Mit dieser Option können Einheiten ausgewählt werden, die in die Ausgabedatei übernommen werden sollen.

7.6.1.2 Beispiel zu REFORM

Aus der SENTENCE-Datei *THRON.SEN* soll eine ASCII-Datei erstellt werden, die neben dem Text nur die höchste Identifikation (ID1) 2-stellig enthält. Die Angaben werden im Fenster eingetragen:

```
   *****  T E X T P A C K  V  * * * * *   Program  REFORM   *****
   F1 help F3 execute F5 show directory F7 store the setup F8 DOS command

   **********************************************************************

   Name of the SENTENCE file: THRON.SEN    Dir: C:\TXPKEX_____
   Name of the output file: THRON.ASC      Dir: C:\TXPKEX_____

   Output Format:
      Length of one output record: _80
      Cut ID1: 2      Cut ID2: _          Cut ID3: _
      Sequence of fields: ID1, TEXT_____
      Length of the sequence number (if any): _
      Constant: ___
      Study number: N
      Hyphenation: N

   Filter (values of ID1, ID2, ID3, separated by commas or blanks)
      ID1: _____
      ID2: _____
      ID3: _____
```

Die Protokoll-Ausgabe von REFORM sieht wie folgt aus:

```
**********  T E X T P A C K   V   1 OCT 89   ROUTINE -TAGCODER-  **********

**********************************************************************
*                                                                    *
*                                                                    *
*    TEXTPACK MANUAL ISBN 3-924220-01-8                              *
*       COPYRIGHT   ZUMA MANNHEIM, WEST GERMANY, 1986, 1990          *
*                                                                    *
*    OPT-TECH SORT SOFTWARE                                          *
*       COPYRIGHT   OPT-TECH DATA PROCESSING, ZEPHYR COVE, NEVADA 1983 *
*                                                                    *
*                                                                    *
**********************************************************************
```

```
PARAMETERS SPECIFIED FOR THIS RUN:

OPTION FNSEN='C:\TXPKEX\THRON.SEN',*
FNTEXT='C:\TXPKEX\THRON.ASC',*
CUT1=2,LENGTH= 80,*
POSITION='ID1, TEXT                                    '
ONLY THE LAST 2 CHARACTER(S) OF ID1 WILL BE TRANSFERRED TO THE OUTPUT FILE


**** FORMAT OF ONE OUTPUT RECORD ****
    1-   2    ID1
    3-  80    TEXT FIELD


**** WARNING: YOUR INPUT FILE CONTAINS  2 ID(S). YOU DO NOT TRANSFER ALL OF THEM.

NUMBER OF INPUT RECORDS:        76
NUMBER OF OUTPUT RECORDS:      188

COMPLETE RUN -REFORM-
```

Hier ein Auszug aus der mit REFORM erstellten ASCII-Datei:

01Aufgerufen zur Entscheidung ueber einen Zwiespalt zwischen den verbuendeten
01Regierungen und der Mehrheit des vorigen Reichstags hat das deutsche Volk
01bekundet , dass es Ehr und Gut der Nation ohne kleinlichen Parteigeist treu
01und fest gehuetet willen will .
01In solcher Buerger , Bauern und Arbeiter einigenden Kraft des Nationalgefuehls
01ruhen des Vaterlands Geschicke wohl geborgen .

7.6.1.3 Hinweise und Tips

- Eine Anwendung von REFORM kann auch dann sinnvoll und notwendig sein, wenn die Rohtextdatei, die Eingabe in SENTENCE war, nicht aufsteigend sortiert und eine automatische Sortierung nicht möglich war (Format 1 und 3, siehe 7.3.1). Die mit REFORM erstellte ASCII-Datei kann wieder mit Format 2 in SENTENCE eingelesen werden und automatisch sortiert werden. REFORM dokumentiert den Aufbau der Datei und stellt damit die Angaben zur Verfügung, die für SENTENCE erforderlich sind.

- Eine weitere, sinnvolle Verwendung von REFORM ist die Archivierung der Textdateien. Da ASCII-Dateien programmunabhängig sind, empfiehlt sich dieses Dateiformat nach Abschluß aller Projektarbeiten zum Sichern der Texte.

7.6.2 Übertragen der Analysen und Daten vom PC zum Großrechner

Bei großen Textmengen stellt sich oft die Frage, ob ein Rechnen am Großrechner nicht effizienter wäre. Vor allem dann, wenn am PC der Plattenspeicherplatz begrenzt ist, aber am Großrechner der jeweiligen Einrichtung reichlich Platz zur Verfügung steht, wird dieser Aspekt interessant. Da TEXTPACK auch auf Großrechnern implementiert werden kann, ist ein Wechsel dorthin jederzeit möglich. Dabei müssen einige Unterschiede beachtet werden:

- Zur Übertragung der Dateien vom PC auf den Großrechner können beliebige Softwareprodukte verwendet werden (z.B. Kermit). In der Regel setzen diese Routinen bei Bedarf die Texte auch vom ASCII-Format in EBCDIC um. Wichtig dabei ist aber, daß die SPLIT-Dateien, die Diktionäre und die GO-/STOP-Listen neu sortiert werden müssen, denn die Sortierreihenfolge der verschiedenen Satz- und Sonderzeichen und der Umlaute ist zwischen ASCII und EBCDIC, aber auch zwischen verschiedenen ASCII-Versionen unterschiedlich.

- Die SENTENCE-Datei kann nicht direkt übernommen werden. Auf dem PC muß zunächst mit REFORM eine ASCII-Datei erstellt werden. Diese Datei kann dann übertragen werden. Auf dem Großrechner muß mit SENTENCE eine neue SENTENCE-Datei erzeugt werden.

- Die Großrechner-Versionen von TEXTPACK kennen in der Regel keine menü-gesteuerte Benutzeroberfläche. (Es gibt Rechenzentren, die für ihre Nutzer eine menü-gesteuerte Oberfläche auf dem Großrechner entwickelt haben. Diese Oberfläche ist dann aber anders als das PC-Menü von TEXTPACK.) Die Optionen müssen als Schlüsselwörter angegeben werden. Diese Schlüsselwörter können aber im Menü auf dem PC aufgebaut und in einer Datei gespeichert werden (*F7*, siehe 3.2). Diese Datei kann übertragen und auf dem Großrechner als Eingabe verwendet werden. Für die Sortierung sind allerdings einige Unterschiede zu beachten.

- In der Großrechner-Version müssen alle Dateien *außerhalb* von TEXTPACK mit der Sortierroutine des jeweiligen Systems vom Anwender selbst sortiert werden. Die SPLIT-Datei muß abhängig von der verwendeten Prozedur unterschiedlich sortiert sein. Die Art der Sortierung ist im maschinenlesbaren Handbuch zur Großrechner-Version ausführlich beschrieben. Wird das Setup auf dem PC mit der Menüführung erstellt, muß bei der Option *Sort the SPLIT file* aus formalen Gründen immer *Y* (ja) angegeben werden, obwohl auf dem Großrechner nicht sortiert wird. Bei der Prozedur FREQ darf eine Sortierung der Häufigkeiten nicht angegeben werden.

- Die Prozedur FREQ auf dem Großrechner ist in zwei Prozeduren unterteilt: FREQ und FRELIST. Zwischen beiden Prozeduren kann, wenn die Häufigkeiten nicht nach Wörtern aufsteigend ausgegeben werden soll, sortiert werden, da in FREQ selbst keine Sortierroutine integriert ist.

Soll nur das Ergebnis der automatischen Vercodung auf dem Großrechner weiterverarbeitet werden (TAB-, VEC-Dateien), müssen diese Dateien übertragen werden. TEXTPACK bietet auf dem PC die Möglichkeit, Setups mit der Datenbeschreibung zu diesen Dateien für ausgewählte Statistikprogrammsysteme zu erzeugen. Für den Großrechner können Setups auf dem PC für SPSS-X, SAS und SIR erstellt werden (siehe 7.5.2.4).

8 Andere Textanalyse-Programme

Erprobte Verfahren und Methoden der cui und deren Umsetzung mit TEXTPACK PC vorzustellen, ist das Thema dieses Handbuchs. Im "Theoretisch kritischen Exkurs" (siehe 2.1.2) wurde zwischen einem "allgemeinen" und einem "speziellen" Fall der cui unterschieden. Für den speziellen Fall, in dem ein Textkorpus bzw. eine eng definierte Textsorte mehrfach genutzt wird, sind Verfahren aus den Nachbargebieten der cui, insbesondere dem Gebiet der literarischen und linguistischen Datenverarbeitung (engl. literary and linguistic computing), von größerem Interesse, denn die dort vorhandenen oder zur Zeit entwickelten Verfahren könnten die Beschränkung der cui auf Wörterkombinationen bzw. Kombinationen von Wörterkategorien wenigstens partiell überwinden helfen. Dazu gehören vor allem Computerverfahren für die Syntaxanalyse, aber auch verschiedene Ansätze der Künstlichen Intelligenz zur Modellierung typischer Textsequenzen. Hier erwarten wir in den kommenden Jahren eine wesentliche Bereicherung des Instrumentariums der cui, obwohl wir uns durchaus bewußt sind, daß die von manchen gewünschte und gelegentlich auch prognostizierte "vollautomatische, komplexe, alle Fragen klärende cui" eine Utopie ist und bleibt.

Schließlich zeigt die praktische Arbeit große Bereiche, in denen sich die unterschiedlichen textanalytischen Ansätze derselben Verfahren bedienen. Hinsichtlich der cui betrifft das insbesondere den gesamten Bereich der Textexploration (z.B. FREQ, XREFF und KWIC), während die automatische Vercodung mit anschließender numerischer Analyse die eigentliche Domäne der cui ist und bleibt. Um den Lesern einen Überblick zu geben, sind in Abb. 8.1 die für die cui wesentliche Funktionen in einem Schaubild zusammengestellt und vermerkt, welche Programme die einzelnen Funktionen erfüllen können. Diese Auswahl ist kursorisch und dient vor allem der Heuristik, indem auf die Vielzahl anderer Programme in diesem Bereich verwiesen wird. Wichtig ist, daß nur wenige der uns bekannten Programme professionell betreut werden und damit für eine breite Nutzerschaft zur Verfügung stehen. Deshalb haben wir professionell betreute Programme in dem Schaubild mit einem Punkt markiert. Die Anschriften der Programmhersteller findet man mit vielen weiteren Verweisen im Humanities Computing Yearbook (Lancashire/McCarty 1988).

Das Leistungsspektrum anderer Programme angemessen darzustellen, sprengte den Rahmen dieses Handbuchs. Um den Lesern dennoch einen Eindruck von deren Möglichkeiten zu geben, sei hier auf vier Programme eingegangen, nämlich den General Inquirer als den "Urvater" von cui-Programmen, MAX als ein Programm für qualitative Textanalysen, TACT, ein Retrieval Programm für die literarische und linguistische Textanalyse sowie MICRO OCP als das größte Programm für die literarische Textanalyse.

Der General Inquirer, wie man sagt ein "Dinosaurier" und "Urvater" unter den cui-Programmen, sei hier an erster Stelle erwähnt (Stone et al. 1966; Züll et al. 1989). Der General Inquirer oder GI ist vor allem für englischsprachige Texte geeignet und kann nur auf einem Großrechner von IBM genutzt werden. Für englische Texte ist er deshalb besonders geeignet, weil für den GI zwei sehr große und fast schon als Standard anzusehende Diktionäre vorliegen, nämlich das HARVARD- und das Lasswell-Value-Diktionär (vgl. Züll et al. 1989; Namenwirth/Weber 1987). Das HARVARD- Diktionär führt im Untertitel den Begriff "socio-psychological", da sein Klassifikationsschema entsprechend theoretischen Vorstellungen von Talcott Parsons und Sigmund Freud aufgebaut ist. Wie der Name schon sagt, folgt dagegen das Schema des Lasswell-Value-Diktionärs einer von Kaplan und Lasswell entwickelten Theorie sozialer Werte (Lasswell/Kaplan 1963). Beide Diktionäre sind im Sinne der hier vorgenommenen Abgrenzung strikte a priori Klassifikationsschemata. Als Besonderheit enthalten die beiden Diktionäre des GI Disambiguierungsregeln, die es erlauben, häufige Wörter zu monosemieren, d.h. eventuelle Mehrdeutigkeiten dieser Wörter auf eine empirisch befriedigende Weise (etwa 80%) aufzulösen. Während das Prinzip der beiden Klassifikationsschemata auf andere Sprachen übertragbar ist, so z.B. das Lasswell-Value-Diktionär durch Eisner (Eisner 1989), wurde das Disambiguierungsregelwerk speziell für die englische Sprache entwickelt und ist deshalb ohne erhebliche strukturelle Änderungen nicht auf andere Sprachen übertragbar.

Der GI selbst enthält faktisch keine Prozeduren für die Textexploration, wie z.B. FREQ oder WORDCOMP in TEXTPACK PC. Allerdings enthält die von ZUMA vertriebene GI-Version eine Spezialprozedur, die den Übergang in TEXTPACK ermöglicht.

In der cui gibt es eine Reihe von zumeist eher qualitativen Ansätzen, die nicht auf eine Textvercodung à la TAGCODER abzielen. Stattdessen werden dort stärker Verfahren des Information Retrieval (Informationsrückgewinnung) genutzt, die in TEXTPACK PC in nicht so umfangreicher Form zur Verfügung stehen (vgl. KWIC, SUBSEL). Besonders dann, wenn einzelne Wortmuster oder variable Abstände zwischen Wörtern gesucht und identifiziert werden sollen, bieten sich spezielle Information Retrieval Programme an. Allerdings können einige der dafür notwendigen Prozeduren auch von größeren Texteditoren wie z.B. MSWORD, WordPerfect, WORDMARC simuliert bzw. direkt ausgeführt werden. Neben dieser intelligenten Nutzung von Texteditoren, wäre MAX (Kuckartz 1988) eine Alternative zu TEXTPACK PC. MAX unterstützt den Aufbau "zettelkastenähnlicher" Informationsstrukturen und verbindet diese mit einfachen Datenbankoptionen. Damit hilft es nicht nur, Papier und Klebstoff als unerläßliche Helfer qualitativer Forschung zu ersetzen. Vielmehr erweitern die Datenbankoptionen, wie z.B. flexiblere Permutationen der Zettelkastensystematik, die technischen Möglichkeiten systematischer Analysen erheblich. Im Unterschied zu anderen vergleichbaren Programmen bietet MAX auch den Anschluß an statistische Analyseprogramme (z.B. SPSS/PC+), wodurch numerische und sprachliche Informationen verknüpft werden können. Einschränkend sei bemerkt, daß MAX speziell für die Anwendung auf Personal Computern bestimmt ist und damit ein, bei sehr großen Textkorpora immer zu empfehlender, Übergang auf Großrechner nicht ohne weiteres möglich ist.

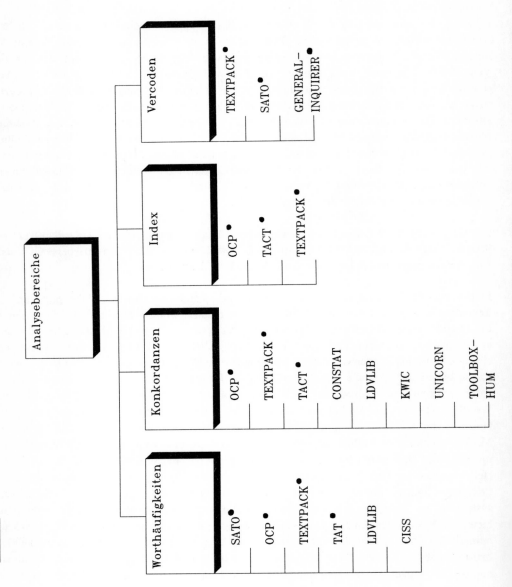

Abb 8.1:

Schließlich sei noch auf Programme aus dem Bereich der literaturwissenschaftlichen und linguistischen Textanalyse verwiesen (Literary and Linguistic Computing). Diese Programme decken ein großes Feld ab, das von Stilanalysen über syntaktische Zerlegungen bis zur Untersuchung semantischer Muster geht und vor allem bei letzterem Überschneidungen zur cui aufweist. Insbesondere für die rasche Untersuchung von Texten auf Wortmuster ist TACT (Lancashire/McCarty 1988, S. 338) geeignet, das allerdings in Version 1 noch nicht über Verbindungen zu anderen Programmen verfügt.

Für größere, eher literaturwissenschaftliche Analysen ist MICRO OCP (Oxford Concordance Program; Lancashire/McCarty 1988, S. 320ff) zu empfehlen, wobei allerdings die komplexe Identifikatorenvergabe (IDs) bei OCP nicht mehr unbedingt den heutigen Standards der Datenbehandlung entspricht und viele potentielle Nutzer abschrecken wird. Andererseits können Daten zwischen MICRO OCP und der Großrechnerversion von OCP ausgetauscht werden, und es gibt schon eine große Zahl von Textkorpora, vornehmlich aus dem literarischen Bereich, die für OCP oder MICRO OCP vorformatiert sind.

Bibliographie

Adorno, T. W., 1952: Die gegenwärtige Stellung der Sozialforschung in Deutschland. In: Institut zur Förderung öffentlicher Angelegenheiten (Hg.), Empirische Sozialforschung - Meinungs- und Marktforschung, Methoden und Probleme. Frankfurt/M.

Aries, E. F., 1973: Interaction Patterns and Themes of Male, Female, and Mixed Groups. Ph. D. dissertation Havard University.

Aries, E. F., 1977: Male-female Interpersonel Styles in all Male, Female, and Mixed Groups. In: A. G. Sargent (ed.), Beyond Sex Roles. St. Paul.

Bader, W., 1990: Erstellen einfacher Register mit TUSTEP. Historical Social Research, Vol. 15, S. 119-137

Bales, R. F., 1950: Interaction Process Analysis: A Method for the Study of Small Groups. In: T. Parsons, E. Shils (eds.), Working Papers in the Theory of Action. New York.

Barkin, S. M., 1989: Coping with Duality of Television News-Comments on Graber. American Behavioral Scientist, Vol. 33, 2, S. 153-156.

Bender, H., 1983: Computerunterstützte Inhaltsanalysen, dargestellt am Beispiel der Erfassung von impliziten Persönlichkeitstheorien. In: Lueer, G., Bericht über den 33. Kongress der Deutschen Gesellschaft für Psychologie in Mainz 1982. Bd. I, S. 134-136. Göttingen.

Bos, W., Tarnai Ch. (Hg.), 1989: Angewandte Inhaltsanalyse in der Empirischen Pädagogik und Psychologie. Münster.

Botchway, B. O., 1989: The Impact of Image and Perception on Foreign Policy. München.

Cary, C. D., 1976: Patterns of Emphasis upon Marxist-Leninist Ideology: A Computer Content Analysis of Soviet School History, Geography and Social Science Textbooks. Comparative Education Review, Vol. 20, S. 11-29

Cary, C. D., 1977: A Technique for Computer Content Analysis of Transliterate Russian Language Textual Materials: A Research Note. American Political Science Review, Vol. 71, S. 245-251

Cary, C. D., 1979: Patterns of Emphasis upon Community, Regime and Authorities: A Computer Content Analysis of Soviet School History Textbooks. International Journal of Political Education Vol. 1, S. 359-383

Cole, R. T., 1989: Predictions of Public-Opinion from the Mass-media Computer Content Analysis. Public Relations Review, Vol. 15, S. 96-98

van Cuilenburg, J. J., Kleinnijenhius, J., de Ridder, J. A., 1988: Artificial-intelligence and Content-Analysis - problems of and strategies. Qualtity & Quantity, Vol. 22, S. 65-97

Deffner, G., 1986: Mikrocomputer als Hilfe zur Vermeidung von Fehlern bei der Gottschalk-Gleser-Sprachinhaltsanalyse. In: Gottschalk L. A., Lolas F., Viney L. L., Content Analysis of Verbal Behavior. Significance in Clinical Medicine and Psychiatry. Berlin.

Deichsel, A., 1975: Elektronische Inhaltsanalyse. Berlin.

van Deth, J. W., Jennings, K. (eds.), 1990: Continuities in Political Action. Berlin.

Devons, N., 1985: Concerning Corpus Derived Lexical Frequency Ratings. In: Preprints for the XIIth ALLC Conference.

Deweese, L. C., 1976: A Computer Content Analysis of printed Media: A Limited Feasibility Study. Public Opinion Quarterly, Vol. 40, S. 92-100

Deweese, L. C., 1977: Computer Content Analysis of Day-Old Newspapers - A Feasibility Study. Public Opinion Quarterly Vol. 41, S. 91-94

Dohrendorf, R., 1990: Zum publizistischen Profil der "Frankfurter Allgemeinen Zeitung". Frankfurt/M.

Eisner, M. 1989: Stabilität und Wandel von politischer Sprache in der Schweiz von 1840 bis 1987. Dissertation Zürich.

Friedrichs, J., 1973: Methoden empirischer Sozialforschung. Reinbek.

Früh, W., 1981: Inhaltsanalyse - Theorie und Praxis. München.

Gamson, W. A., 1989: News as Framing-Comments on Graber. American Behavioral Scientist, Vol. 33, 2, S. 157-161

Gates, J. B., 1990: Content Analysis: Possibilities and Limits for Qualitative Data. Judicature, Vol. 73, 4, S. 202-203

Geis, A., 1986: Computerunterstützte Branchenvercodung. ZUMA-Nachrichten 18, S. 79-88

Geis, A., 1988: Entwicklung von Diktionären. In: Wissensorganisation im Wandel. Studien zur Klassifikation, Band 18. Frankfurt/M.

Gerbner, G. et al. (ed.), 1969: The Analysis of Communication Content. New York.

Gottschalk, L. A., 1985: A Note on Computer Scoring of Verbal Content Analysis. Sprache und Datenverarbeitung 9/2, S. 29-35

Graber, D. A., 1989: Content and Meaning: "What's it all about?". American Behavioral Scientist, Vol. 33, 2, S. 144-152

Greenberg, R. S., 1989: Other Perspektives Toward Message Analysis. Comments on Kepplinger. American Behavioral Scientist, Vol. 33, 2, S. 183-186

Grünzig, H. D., Kächle, H., 1978: Zur Differenzierung psychoanalytischer Angst-Konzepte. Ein empirischer Beitrag zur automatischen Klassifikation klinischen Materials. Zeitschrift für Klinische Psychologie, Vol. 7 (1), S. 1-17

Grünzig, H. D., 1988: Zeitreihenanalyse psychoanalytischer Therapieprozesse: Probleme bei der Stichprobenziehung und erste Ergebnisse in einer Einzelfallanalyse. In: Dahl, H., Kächele, H., Psychoanalytic Process Research Strategies. Berlin.

Grunert, K. G., 1981: Informationseffizienz und Möglichkeiten ihrer Verbesserung auf dem Automobilmarkt. Ein unveröffentlichtes Arbeitspapier.

Grunert, K. G., Bader, M., 1986: Die Weiterverarbeitung qualitativer Daten durch computerunterstützte Inhaltsanalyse. Marketing 4, S. 238-247

Grunert, K. G., 1989: Die Erhebung von Produktanforderungen, Produkterfahrungen und Produktwissen: Ein Schätzverfahren für qualitative Daten. Jahrbuch der Absatz- und Verbrauchsforschung. Heft 2, S. 153-173

Guski, R., 1987: Inhaltsanalyse mit Personal-Computern. Berichte der Arbeitseinheit Kognitions- und Umweltpsychologie, Nr. 38. Universität Bochum, Psychologisches Institut.

Haupt, K., 1987: Sprachwissenschaftliche Verfahren (Semiotiks) als Ergänzungen und zusätzliche Analysen psychologischer Marktforschung. Planung und Analyse, Vol. 14 (5), S. 204-206

Hedge, G., 1987: Einfache Bedeutungskategorien, ein Beitrag zur computeruntersützten Textanalyse psychotherapeutischer Texte. Berlin.

Henken, V. J., 1976: Banality Reinvestigated - Computer Content Analysis of Suicidal and Forced Death Documents. Suicide and Life-Threatening Behavior, Vol. 6, S. 36-43

Hippler, H. J., Kutteroff, A., 1984: Macht in der Kommune im Spiegel der Presse. In: H. D. Klingemann (Hg.), Computerunterstützte Inhaltsanalyse in der empirischen Sozialforschung. Frankfurt/M.

Hockey, S., 1980: A Guide to Computer Applications in Humanities. Baltimore.

Hogenraad, R., 1990: A Little Organon of Content Analysis. Louvain/Belgien.

Holsti, O., 1969: Content Analysis for the Social Sciences and Humanities. Reading/Mass.

Iker, H. J., Harway, N. I., 1969: A Computer Systems Approach Toward the Recognition and Analysis of Content. In: Gerbner, G. et al. (ed.), The Analysis of Communication Content, S. 381-406. New York.

Iker, H. P., 1974: Select Computer Program to Identify Associationally Rich Words for Content Analysis. 1. Statistical Results. Computers and The Humanities, Vol. 8, S. 313-319

Kächele, H., Mergenthaler, E., 1984: Auf dem Wege zur computerunterstützten Textanalyse in psychotherapeutischen Prozessforschung. In: Baumann U., Pyschotherapie, Makro-/ Mikroperspektive, S. 223-229. Göttingen.

Kellerhof, M., Witte E. H., 1990: Objektive Hermeneutik als Gruppenleistung. Kölner Zeitschrift für Soziologie und Sozialpsychologie 42/2, S. 248-264

Kelly, A. W., Sime, A. M., 1990: Language as Research Data-Application of Computer Content Analysis in Nursing Research. Advances in Nursing Sciences, Vol. 12, S. 32-40

Kennamer, J. D., 1989: Content Analysis and Mathematical-Modeling. Journalism Quarterly, Vol. 66, S. 505-506

Kepplinger, M., 1989: Content Analysis and Reception Analysis. American Behavioral Scientist, Vol. 33, 2, S. 175-182

Kilpatrick, K. E., Mackenzie, R. S., 1976: Computer Content Analysis of Applied Biological Knowledge in Dentistry. Journal of Dental Research, Vol. 55, S. 52-58

Klingemann, H.-D., Mohler, P.Ph., Weber, R.P., 1982: Cultural Indicators Based on Content Analysis: a Secondary Analysis of Sorokin's Data on Fluctuations of Systems of Truth. Quality and Quantity 16, S. 1-18

Klingemann, H.-D. (Hg.), 1984: Computerunterstützte Inhaltsanalyse in der empirischen Sozialforschung. Frankfurt/M.

Klingemann, H., 1987: Alltagswissen über soziale Probleme. Zeitschrift für Soziologie, Vol. 16, S. 106-126

Kops, M., 1984: Eine inhaltsanalytische Bestimmung von Persönlichkeitsbildern in Heiratsanzeigen. In: H.-D. Klingemann (Hg.), Computerunterstützte Inhaltsanalyse in der empirischen Sozialforschung. Frankfurt/M.

Kuckartz, U., 1988: Computer und verbale Daten, Chancen zur Innovation sozialwissenschaftlicher Forschungstechniken. Bern.

Kuttner, H.-G., 1981: Zur Relevanz text- und inhaltsanalytischer Verfahrensweisen für die empirische Forschung. Frankfurt/M.

Lancashire, I., McCarty, W., 1988: The Humanities Computing Yearbook 1988. Oxford.

Lasswell, H. D., Kaplan A., 1963: Power and Society. New Heaven.

Lasswell, H. D., Namenwirth J. Z., 1968: The Lasswell Value Dictionary. New Heaven.

Lavigne, G., Martin, J., Nantel, E., Plante, P., 1989: Computer-assisted Content Analysis - the liao option. Canadian review of sociology and anthropology, Vol. 26, S. 596-616

Lisch, R., Kriz, J., 1978: Grundlagen und Modelle der Inhaltsanalyse. Reinbek.

Lissmann, U., 1987: Lehrergedanken zur Schülerbeurteilung: Dimensionalität und Struktur. Zeitschrift für Entwicklungspsychologie und Pädagogische Psychologie 19, S. 266-284

Livingstone, 1989: Audience Reception and the Analysis of Program Meaning. American Behavioral Scientist, Vol. 33, 2, S. 187-190

Merten, K., 1983: Inhaltsanalyse. Einführung in Theorie, Methode und Praxis. Opladen.

Mackuen, M., 1990: Predictions of Public-Opinion from the Mass-media Computer. Public Opinion Quarterly, Vol. 54, S. 144-146

Martindale, C., 1986: Psychologie der Literaturgeschichte. In: Langner R., Psychologie der Literatur. Theorien, Methoden, Ergebnisse. Weinheim.

Mathes, R., 1988: "Quantitative" Analyse "qualitativ" erhobener Daten? Die hermeneutisch-klassifikatorische Inhaltsanalyse von Leitfadengesprächen. ZUMA-Nachrichten 23, S. 60-78

Mergenthaler, E., Kächele, H., 1985: Changes of Latent Meaning Structures in Psychosanalysis. Sprache und Datenverarbeitung 9/2, S. 21-28

Mergenthaler, E., 1986a: Die Transkription von Gesprächen. Ulm.

Mergenthaler, E., 1986b: Die Ulmer Textbank - Entwurf und Realisierung eines Textverwaltungssystems als Beitrag angewandter Informatik in der Psychoanalyse. Berlin.

Mochmann, E. (Hg.), 1980: Computerstrategien für die Kommunikationsanalyse. Frankfurt/M.

Mochmann, E., 1985: Inhaltsanalyse in den Sozialwissenschaften. Sprache und Datenverarbeitung 9/2, S. 5-10

Mochmann, E., 1985: Methoden und Techniken automatisierter Inhaltsanalyse. In: Mochmann, E. (Hg.), Computerstrategien für die Kommunikationsanalyse. Frankfurt/M.

Mohler, P. Ph., 1978: Abitur 1917 bis 1971 - Reflektionen des Verhältnisses zwischen Individuum und kollektiver Macht in Abituraufsätzen. Frankfurt/M.

Mohler, P. Ph., 1981: Zur Pragmatik qualitativer und quantitativer Sozialforschung. Kölner Zeitschrift für Soziologie und Sozialpsychologie 33, S. 716-734

Mohler, P. Ph., 1985: Computerunterstützte Inhaltsanalyse - zwischen Algorithmen und Mythen. Sprache und Datenverarbeitung 9/2, S. 11-15

Mohler, P. Ph., 1987: Offene Fragen und Probleme bei der Analyse derselben - Ein Kommentar zu Allerbeck und Hoag. Kölner Zeitschrift für Soziologie und Sozialpsychologie 4, S. 796-798

Mohler, P. Ph., 1989: Wertkonflikt oder Wertdiffusion: Ein Vergleich von Umfragen in der Bevölkerung und der Inhaltsanalyse von Leitartikeln der FAZ. Kölner Zeitschrift für Soziologie und Sozialpsychologie 1, S. 95-122

Mohler, P. Ph., Züll, C., 1990: TEXTPACK PC. Mannheim.

Montague, J. C., Hutchinson, E., Matson, E., 1975: Comparative Computer Content Analysis of Verbal Behavior of Institutionalized and Noninstitutionalized Retarded Children. Journal of Speech and Hearing Research Vol. 18, S. 43-57

Montague, J. C., 1976: Preliminary Methodological Verbal Computer Content Analysis of Preschool Black-Children. Journal of Educational Research, Vol. 69, S. 236-240

Namenwirth, J. Z., 1987: The Wheels of Time and the Interdependence of Culture Change in America. In: Namenwirth J. Z., Weber R. P., Dynamics of Culture, S. 57-88, Boston.

Namenwirth, J. Z., Weber R. P., 1987: Dynamics of Culture. Boston.

Newman, I. W., Disalvo, V. S., 1980: Use of a Computer-Based Content Analysis Technique. Journal of School Health, Vol. 50, S. 214-217

Newmeyer, N. W. (ed.), 1989: Linguistics: The Cambridge Survey. Volume IV Language: The Socio-Cultural Content. Cambridge.

O'Dell, J. W., 1978: Letters from Jenny Revisited-Computer Content Analysis Redone. Journal of Clinical Psychology, Vol. 34, S. 161-164

Oevermann, U., 1979: Die Methodologie einer "Objektiven Hermeneutik" und ihre allgemeine forschungslogische Bedeutung in den Sozialwissenschaften. In: Hans-Georg Soeffner (Hg.), Interpretative Verfahren in den Sozial- und Textwissenschaften, S. 352-434. Stuttgart.

Sahner, H., 1971: Schließende Statistik. Stuttgart.

Sause, E. F., 1976: Computer Content Analysis of Sex-Differences in Language of Children. Journal of Psycholinguistik Research, Vol. 5, S. 311-324

Scheuch, E. K., Stone P. J., 1964: The General Inquirer Approach to an International Retrieval Systems for Survey Archives. American Behavioral Scientist 7, S. 23-28

Simonton, D. K., 1980: Thematic fame and melodic orginality in classic music: A multivariate computer-content analysis. Journal of Personality, Vol. 48, S. 206-219

Sprung, L., 1987: Methodentheoretische Grundlagen der Planung und Realisierung empirischer Untersuchungen zur "Biopsychosozialen Einheit Mensch - Struktur und Dynamik" der Ontogenese des Menschen. Wissenschaftliche Zeitschrift der Humboldt-Universität zu Berlin - Mathematisch-Naturwissenschaftliche Reihe.

Statistisches Bundesamt Wiesbaden (Hg.), 1971: Internationale Standardklassifikation der Berufe. Wiesbaden.

Steinke, W., 1988: Die linguistische Textanalyse. Bundeskriminalamt Wiesbaden, Archiv für Kriminologie.

Stone, P. J. et al., 1966: The General Inquirer - A Computer Approach to Content Analysis. Cambridge/Mass.

Swales, J., 1986: Citation Analysis and Discours Analysis. Applies Linguistics, Vol. 7, 1, S. 39-56.

Tarnai, C., Schönbach, K., 1984: The Issues of the Seventies - Computerunterstützte Inhaltsanalyse und die langfristige Beobachtung von Agenda-Setting-Wirkung der Massenmedien. In: H. D. Klingemann (Hg.), Computerunterstützte Inhaltsanalyse in der empirischen Sozialforschung. Frankfurt/M.

Tucker, G. J., Rosenberg, S. D., 1975: Computer Content Analysis of Schizophrenic Speech - Pre-liminary Report. American Journal of Psychiatry Vol. 132, S. 611-616

Walker, A. W., 1975: The Empirical Delineation of Two Musical Taste Cultures: A Content Analysis of Best-Selling Soul and Popular Recordings from 1962-1973. Ph. D. dissertation, New School Social Research.

Weber, R. P., 1978: The Dynamic of Value Change, Transformations and Cycles: British Speeches from the Throne 1689-1972. Ph. D. dissertation University of Connecticut. Storrs/Conn.

Weber, R. P., 1985: Basic Content Analysis. Sage Series: Quantitative Applications in the Social Sciences (49), Beverly Hills.

Wood, M., 1980: Alternatives and Opinions in Computer Content Analysis. Social Science Research, Vol. 1980, S. 273-286

Züll, C., Weber R. P., Mohler P. Ph., 1989: Computer Aided Textclassification for the Social Science: The General Inquirer III. Mannheim.

Stichwortverzeichnis

Literatur für EDV-Anwender

Ritter
PC – Graphik – Programme in der Statistik
Vergleichende Gegenüberstellung
mit Anwendungsbeispielen
1991. Etwa 235 S., etwa 90 Abb.,
etwa 10 Tab., kt. etwa DM 44,–

Merkel/Sperling
Statistik für Microcomputer
mit dem Statistikprogramm
STASY-100 (PIC® GmbH)
Benutzerhandbuch und Programm-
diskette für IBM PC/XT/AT & Kompatible unter DOS
1990. VIII, 151 S., mit Diskette
(1,2 Mb; 5 1⁄4 "), 39 Abb., 41 Tab.,
kt. DM 48,–

Schuemer/Ströhlein/Gogolok
Datenverarbeitung und statisti-
sche Auswertung mit SAS
**Band I · Einführung in das
Programmsystem, Datenmanage-
ment und Auswertung**
1991. Etwa 450 S., kt. etwa DM 58,–

**Band II · Komplexe statistische
Analyseverfahren**
1990. VI, 437 S., kt. DM 58,–

Göttsche
Einführung in das SAS-System
für den PC
1990. XII, 298 S., kt. DM 49,–

Uehlinger/Hermann/Huebner
SPSS/PC +
Benutzerhandbuch der Version 4.0
**Band 1 · Dateneingabe – Daten-
management – Datenverwaltung
und einfache statistische Verfahren**
(Module SPSS/PC + Base und Data
Entry)
2., aktualisierte Aufl. 1991. Etwa
400 S., kt. etwa DM 52,–

Schubö et al.
SPSS
Handbuch der Programmversionen
4.0 und SPSS-X 3.0
Autorisierte deutsche Bearbeitung des
SPSS Reference Guide
1991. X, 661 S., kt. DM 69,–

Preisänderungen vorbehalten

GUSTAV FISCHER VERLAG
SEMPER BONIS ARTIBUS
Stuttgart
New York

Literatur für EDV-Anwender

Pfeifer
**Statistik-Auswertungen mit
SPSS[x] und BMDP**
Ein Einstieg in die Benutzung der
beiden Programmpakete
1988. VIII, 216 S., 3 Abb., 4 Tab.,
kt. DM 29,80

Faulbaum/Haux/Jöckel
**SOFTSTAT 89
Fortschritte
der Statistik-Software 2**
5. Konferenz über die wissenschaftliche Anwendung von Statistik-
Software, Heidelberg 1989
1990. XII, 644 S., 169 Abb., 62 Tab.,
kt. DM 98,–

Küsters/Arminger
Programmieren in GAUSS
Eine Einführung in das Programmieren statistischer und numerischer
Algorithmen
1989. VIII, 315 S., 25 Abb.,
kt. DM 74,–

Süselbeck
Die Programmierumgebung S
Einführung in Programmierung und
Anwendung
1991. Etwa 450 S., kt. etwa DM 68,–

Heitfeld
**Einführung in das relationale
Datenbanksystem SIR/DBMS**
1986. XII, 279 S., kt. DM 38,–

Wishart
CLUSTAN
Version 2.1 für den PC
Benutzerhandbuch (3. Ausgabe)
1984. XX, 244 S., kt. DM 52,–

Preisänderungen vorbehalten

GUSTAV FISCHER VERLAG

SEMPER BONIS ARTIBUS

Stuttgart
New York